蕙说慧道

——洁蕙与您知性聊法

洁　蕙◎著

中国出版集团公司　全国百佳图书
中国民主法制出版社　出 版 单 位

2013 · 北京

图书在版编目（CIP）数据

蕙说慧道：洁蕙与您知性聊法/洁蕙著—北京：中国民主法制出版社，2013.9

ISBN 978-7-5162-0476-4

Ⅰ.①蕙… Ⅱ.①洁… Ⅲ.①性犯罪—案例—中国 Ⅳ.①D924.345

中国版本图书馆 CIP 数据核字（2013）第 225978 号

图书出品人：肖启明

图 书 策 划：刘海涛

责 任 编 辑：石 松 翟琰萍

书名/ 蕙说慧道——洁蕙与您知性聊法
作者/ 洁 蕙 著

出版·发行/ 中国民主法制出版社
地址/ 北京市丰台区右安门外玉林里 7 号（100069）
电话/ 63055259（总编室） 63057714（发行部）
传真/ 63055259
http：// www. npcpub. com
E-mail：mzfz@ npcpub. com
经销/ 新华书店
开本/ 16 开 787 毫米 × 1092 毫米
印张/ 12.25 字数/ 156 千字
版本/ 2013 年 11 月第 1 版 2013 年 11 月第 1 次印刷
印刷/ 河北省永清县金鑫印刷有限公司

书号/ ISBN 978-7-5162-0476-4
定价/ 29.00 元

主讲人是这样炼成的

今年中秋放假赶上了值班。站在央视总部大楼30层办公室，看着月光下的北京城，静静注视东三环的缓缓车流，人陷入一种静态。此刻，这座由于嶙峋突兀而闻名世界的电视建筑的外墙上泛起大面积的月色，将一轮明月也涂抹其上，我猜想，从远处看过来，这一定是一幅摄影美图。身陷中秋，浮想联翩，正巧洁蕙要出一本书，嘱咐写一个序，此情此景，倒也激起了提笔的念头。

洁蕙是中央电视台社会与法频道《法律讲堂》栏目的主讲人，同时，她也是一名法律专家，是上海法律援助中心的志愿者，是上海都市广播《东方大律师》栏目的主持人。她是集媒体、法律于一身的人。2012年，司法部法律援助司与中央电视台社会与法频道（12频道）联合开办了《法律援助在行动》系列专题节目，在年度收视率排名中，洁蕙担任主讲人的节目获得了最高收视率，洁蕙获得了司法部法律援助司和央视12频道联合颁发的该节目的“最高收视率奖”。也就是在那次颁奖会上，我认识了洁蕙。

洁蕙作为中央电视台社会与法频道《法律讲堂》栏目的主讲人，一开始，她严谨细致，稳扎稳打，做的节目数量不算最多，但是节目质量很高，播出效果十分不错。后来，她做主讲人的节目收视率冲了上去，就带动了她的数量，于是就一发而不可收了。当然，质量和数量的上升，得益于她在以下几个方面的优势：一是她懂得法律，二是她持有素材，三是她通晓主持，四是她擅长写作。有了这四点，才能当好《法律讲堂》的主讲人。洁蕙主讲的《一夜情留下的悔恨》中，就涉及很多社会与法的问题，例如“一夜情”“怀孕生子”“亲子鉴定”“收养”等，所涉及的法律有《中华人民共和国刑法》《中华人民共和国刑事诉讼法》《中华人民共和国收养法》等。《艳照下的婚姻》涉及“裸照”“被迫结婚”“撤销婚姻”“婚内强奸”等问题，能链接上的法律有《中华人民共和国婚姻法》及其司法解释等。洁蕙主讲的案件涉及婚姻、家庭、伦理、两性、财产、离异、情变等社会问题和法律问题。在《法律讲堂》节目中，要讲法律问题，没有专业知识，显然是不行的，可如果没有生动鲜活的人间故事做载体，那法律点也不容易传播。所以，节目不光要讲道理，也要讲法理，同时，也要讲故事。洁蕙有专业知识，又有市井故事，还有主持经验，所以讲得好。说到这里，你就知道，找一个既会写稿子，又会表达，既懂法律，又懂生活的法律工作者来当主讲人，是多么不容易。

令我没有想到的是，洁蕙的事业竟然横跨广播电视，干过很多工种，什么编辑、记者、主持人，主编、责编、制片都干过。她原名叫陈洁，播音名洁蕙，上过警校，学过拳脚，练过散打，得过亚军，毕业于华东政法学院（现华东政法大学）。1996 年，她担任上海东方广播电台主持人，主持过广播法律服务节目、文学谈话类节目、科技节目、深夜谈心节目、休闲娱乐节目、旅游服务节目、语言欣赏类节目等。但是最有名的还是洁蕙策划、主持的电台节目《东方大律师》，这个节目以律师为主要嘉宾，为听众解答法律问题、提供法律服务，特别为老年人、残疾人、妇女、儿童等弱势群体提供法律帮助。除了在节目中接受咨询外，节目还发动律师接受信件、网络和电话咨询，做出了“来信必复”的承诺。节目还不定期地与律师事务所合作举办现场义务法律咨询，至今已回复各类咨询几万人次，并已为数以千计的听众通过诉讼和非诉讼的方式解决了困扰他们的法律问题。根据回信回电量、受理案件量和结案率，听众已投票评选了《东方大律师》十佳嘉宾律师和十佳参与律师事务所。因为太受群众欢迎了，《东方大律师》节目，由原来一周一期逐渐扩版为一周六期，并在第二天重播。这在上海广播节目中是不多见的。洁蕙运用自己所学的法律知识，以灵活亲切、富有爱心的主持风格，赢得了听众的信任和喜爱，也把上海的著名律师紧紧地团结在《东方大律师》节目之中。洁蕙心里装着老百姓，一心为老百姓提供法律服务。有一个浙江听众陈嬿，为自己的案子到上海找律师。洁蕙和节目组成员多次接待陈嬿，给她鼓励和支持，并为陈嬿的案子不断与律师进行沟通。因陈嫦的案子已经过了二审，又涉及法院个别工作人员徇私枉法的问题，申诉的难度非常大。她本人已经为此哭瞎了一只眼睛。很多律师尽管很同情她，但都婉言拒绝了她。就在陈嫦满怀深深的遗憾即将离开上海时，从助手那儿得知情况的中怡律师事务所主任王小咪律师及时与陈嫦取得了联系，并表示愿意无偿代理她的申诉。王小咪律师和中怡律师事务所进行了大量的庭前工作，终于浙江高院受理了此案的再审申请。经过审理，作出了撤销原判、发回一审重审的裁定。浙江高院的法官对陈嫦说："你在上海找到了好律师。"王小咪律师后来因此被评为《东方大律师》十佳嘉宾律师。

洁蕙勤于思考，善于总结。论文《求中和境界——文化类夜间谈话节目主持风格及播音技巧之我见》获第四届全国广播电视主持人节目优秀论文金笔奖二等奖。洁蕙和上海市司法局、新民晚报等单位，共同策划了"市井法案"征文暨电台案例讨论活动，并根据该活动编著了《市井法案——来自"东方大律师"的故事》一书，由上海人民出版社出版，该书是洁蕙多年法律节目主持工作的积累和思考。洁蕙和她主持的《东方大律师》节目在上海及周边地区拥有大量的听众。除了以普法宣传为主的案例讨论内容外，《东方大律师》节目还以为听众提供切实的法律服务为节目宗旨。更为可喜的是，以洁蕙编著的《市井法案》一书、《东方大律师》节目的日常播出情况、洁蕙本人及其率领的节目组为原型，由上海市委宣传部、市司法局、文广新闻传媒集团、文新报业集团、市总工会电视剧制作中心等单位联合投资拍摄了22集同名电视连续剧《东方大律师》。该剧在上海首播后引起普遍好评，收视率名列前茅。该剧既体现了"依法治国"和"以德治国"的重要思想，且故事情节引人入胜，可看性强。由一档具体的广播节目为原型拍摄电视剧，这在全国还是第一次。洁蕙，不仅是这部电视剧的素材提供者、创造者，作为执行制片人，洁蕙还是这部电视剧的主要策划者和组织者。

洁蕙毕业于上海公安高等专科学校，曾经是一名威风八面的女警察，获得过上海市散打比赛女子52公斤级亚军。后又进入上海戏剧学院主持人进修班深造，在校读书期间被著名演员兼导演牛犇选中主演了一部电视连续剧。在拍摄该剧时，剧组摄像、服装、化妆等人员纷纷预测，一旦该剧播出，女主演一定会红。可惜，由于种种原因，该剧没能在全国播映。但老艺术家牛犇对她的评价是："你的表演非常打动我。"并鼓励她继续走演艺道路。可是，洁蕙最终选择了只闻其声不见其人的广播。

洁蕙追求事业上的完美，并且找到了实现的路径及方法。这种方法就是，将自己的兴趣爱好统一在一个大目标之下，把一些毫不相干的经历统一在一个大目标之下，最后，形成一个整体。这就是"滚雪球"式的整合。洁蕙把她警校的经历、政法学院的经历、律师节目的经历等，形成她政法战线的大经历，滚成一个大雪球；再把她办广播节目、电视节目、出版图书等经历，形成她关于媒体的大经历，又滚成一个大雪球；最终，她再把政法资源和媒体资源加以融合和激荡，变成一个更大更大的雪球。此时，在月光的映照下，这个大大的雪球会发出更加晶莹、更加静谧、更加夺目的光彩。这种冷冷的、坚韧的、无法抗拒的光源特别适合做法制节目、法制电视剧、法制电影，每一束蓝色的激光，都很有"杀伤力"。

窗外，一轮明月挂在央视总部大楼上，忽闪忽闪的屏幕上正播出着《法律讲堂》。

中央电视台社会与法频道副总监　童宁

2013 年 9 月 21 日

目录
CONTENTS

“特工” 丈夫

关键词 重婚罪 同居期间财产分割

这天上午，在上海某家医院里，原本很安静的302病房突然炸开了锅，病房里的人注视着一男两女在激烈争吵，很多病人和病人的家属纷纷围观。躺在病床上的男人叫张一鸣，是一位专门写游记的作家兼摄影家，现正身患胃癌住院。病房里的这两个女人是一前一后进来的。两个女人几乎都是以同样的方式冲进病房，而且第一句话都是劈头盖脸地质问道：“张一鸣，这是怎么回事?”

这也是张一鸣住院以来第一次有人来看他。没想到，两个女人一见面就吵得不可开交。一个女人一边哭一边说：“我十年来待你不薄啊！你为什么还要背着我和别的女人结婚?”另一个女人指着他骂道：“你要死了，才跟我说实话，既然我不是你老婆，我为什么要救你呀!”而躺在病床上的张一鸣表情尴尬，一筹莫展。一旁围观的人听出了些门道，这两个女人都与这个男人有关系；但他们又丈二和尚摸不着头脑。两个女人都一会说自己是那个男人的老婆，一会又说不是，到底谁才是他的老婆呢?

先到的女人叫周彤，40岁左右的样子，有一种传统中国家庭妇女的气质。后到的女人叫邵婷婷，年轻一些，穿着时髦。

就在两个小时以前，周彤和邵婷婷分别接到了一个电话，是张一鸣委托一个好朋友打来的。朋友在电话里说：“你的丈夫张一鸣患病住院了，而且很严重，他需要你救救他。”朋友同时说，张一鸣有一件事情很对不起她们，他另外还有一个妻子，请求两人的原谅。

年纪轻一些的邵婷婷听到这话将信将疑，张一鸣还有一个妻子？这可能么？自己和丈夫是有感情的啊，而且他还是安全局的特工，怎么能干出这样的事情来？她立刻打车直奔医院而来。在来医院的路上，她心里乱极了，她和张一鸣共同生活的前前后后在脑海中闪过。

邵婷婷毕业于某大学服装设计专业，长得非常漂亮，和父母一起经营着一家不算小的服装店，她追求时尚和品位，喜欢享受。8 年前，在一次朋友聚会中，她认识了张一鸣。交谈中，邵婷婷得知张一鸣曾经留学海外，现在是个游记作家，出版了好几本游记，在摄影方面也很有造诣，发表了很多风景照片，于是互留了电话号码。此后，邵婷婷就经常找张一鸣帮忙，一会儿是服装店要开新店让张一鸣帮忙参谋选址，一会儿是为她的服装店拍摄宣传照。刚开始，邵婷婷和张一鸣保持着若即若离的关系，但是有一件事情的发生，使张一鸣开始对邵婷婷展开了猛烈的爱情攻势。有一次，邵婷婷一星期没和张一鸣见面，张一鸣就主动去邵婷婷的店里找她，他却看到有个男人开车送邵婷婷回家。张一鸣顿时心里就不是滋味，他意识到，他对邵婷婷的喜欢程度已经远超过他的想象，他已经不能接受别的男人亲近或占有邵婷婷，于是，就开始向邵婷婷正式求爱，两人这才确认了恋人关系。

恋爱的这一年中，还有一件事让邵婷婷特别吃惊，那就是张一鸣的特工身份。有一次，张一鸣到外地进行为期一个月的摄影工作，回来那天，他明明提前告诉邵婷婷航班时间，要她来接机，但是眼看着航班早到了，旅客都已经走出机场，邵婷婷左等右等，就是不见张一鸣的身影。邵婷婷拼命打他手机，一直关机。这可把邵婷婷给急疯了。电话终于打通了，张一鸣却在电话中说，临时有事不能回上海了，让她赶快回家。邵婷婷问他现在哪里，他支支吾吾说了个地方。这不明摆着在撒谎吗？为什么要自己来接机却又要自己回家呢？邵婷婷一再逼问张一鸣，要他做出解释。在这样的情况下，张一鸣不得不说：“婷婷，我的真实身份是国家安全机关的特工，摄影写作只是身份的掩护，便于开展工作。这次确实是组织上临时安排了新的任务，我必须马上去执行。”

知道了男朋友的真实身份后，邵婷婷就更加崇拜他了，简直崇拜到了五体投地。她知道，作为一名特工的女朋友必须理解和支持男友的工作。就这样，恋爱一年后，由于邵婷婷怀孕了，两人赶紧结了婚。婚后，张一鸣用自己原有的积蓄在浦西买了套房子作为婚房，为了表达对邵婷婷的爱，房产证上只写了邵婷婷的名字。

婚后，一家三口的日子过得和和美美，除了工作的原因，张一鸣要经常出差外，邵婷婷对婚后的生活非常满意。不料，这次张一鸣竟然出差三个月没有任何消息，邵婷婷找遍了张一鸣的同事、朋友，没人知道张一鸣到哪里去了。直到这天上午，张一鸣的一个好朋友在电话里告诉她：张一鸣生病住院了，而且他还有另外一个家。她这才风急火燎地赶到医院。没想到在医院里真就遇到了另外一个女人，这个女人就是周彤，于是出现了故事开头的那一幕。她们意识到，这些年来，她们都被张一鸣给欺骗了。

发现自己的丈夫竟然有两个家，邵婷婷要求和周彤好好谈一谈，在恋爱的时候，脚踏两只船，可能有些人还能做到，可张一鸣究竟有什么本事同时和两个女人结婚呢？这件事情也是邵婷婷和周彤急于想知道的。

她们找了附近的一家咖啡馆坐了下来，她们要把事情搞清楚。周彤告诉邵婷婷，自己是在九年前张一鸣的一本新书发布会上认识他的。应该是张一鸣认识邵婷婷的前一年。周彤是张一鸣的崇拜者，又是发布会的工作人员，比张一鸣小三岁，名牌大学毕业，而且温柔大方，这让张一鸣心动。新书发布会后，张一鸣和周彤一直保持着联系，周彤乖巧懂事，对张一鸣可以说是百依百顺，和周彤的相处让张一鸣觉得非常舒服自在，慢慢确定了恋人关系。恋爱以后，张一鸣也告诉周彤，他是国家安全局的特工，国安局人员的行踪是不定的，也不能告诉别人，这让周彤对张一鸣就更加放心了，从不过问他的私事。恋爱两年后，周彤发现自己怀孕了。两人赶紧结了婚。婚后，张一鸣出资在浦东买了房子作为婚房，为了表达对妻子的爱，房产证上也只写了周彤的名字。婚后的日子，张一鸣经常出差，走个十天半个月是家常便饭，但是这次一走就是三个月。周彤也是直到张一鸣消失三个月后才从他的朋友处得知张一鸣得病的消息。

说到这里，事情清楚了，两个女人都受骗了，邵婷婷和周彤都大惑不解，这张一鸣怎么可以堂而皇之同时和两个人结婚呢？可现实问题是，张一鸣的妻子只能有一个，那谁才是合法的呢？这不仅仅是名分还关系到家庭财产问题。

邵婷婷说："我和张一鸣是合法登记的夫妻，你最多是个第三者。"周彤说："我才是和他合法登记的，你才是第三者。""你什么时候登记的？你在哪里登记的？""我记不清了，因为都是他去办的。你呢？""我也记不清了，也是他去办的。"然后，两人分别赶回家找出结婚证又赶到了张一鸣的病房，要张一鸣做出解释。

张一鸣这个脚踏两只船的男人，在周彤那里找到了避风的港湾，在邵婷婷那里又获得了激情的满足。他究竟是怎样周旋在两个女人之间而不露马脚的呢？况且他还是国家安全机关的工作人员，怎么可以明目张胆地违法呢？他的特工身份是真是假呢？张一鸣能怎么解释呢？面对两个怒不可遏的女人，已经病入膏肓的张一鸣只好一五一十说出了所有的真相。

其实，张一鸣根本就不是什么特工，他所谓特工身份的来历，还要从那次接机事件说起。那次张一鸣出差，事前是叫邵婷婷来接机的。但一下飞机，却看见了等在机场的周彤，张一鸣心里一惊，想起他之前跟周彤提到过回来的日子，但也没说具体哪班飞机，让周彤不用来接了，没想到周彤竟然一早就等在机场了，张一鸣立刻被吓出一身冷汗。怎么办？眼看事情要败露了。情急之下，他躲进了洗手间，先给邵婷婷打电话，说自己还在外地，编了一套自己是国家安全局特工的谎言，让她赶快回家，没想到邵婷婷完全信以为真，还更加崇拜他。等到候机的人都离去，张一鸣才偷偷摸摸离开了机场与周彤一起回了家。于是，他又如法炮制到周彤那里编造了同样的谎言，结果，达到了同样的效果。

从此，张一鸣为自己编造谎言的能力而自鸣得意，他在自己编造的谎言中如鱼得水，"特工"的身份使他能随时抽身于两个女人之间。每次他和一个女人在一起时，接到另一个女人的电话，就说有工作任务，必须马上离开，这个女人绝不会怀疑；为了防止手机被偷看，他给手机设置密码也变成了一个很合理的行为，毕竟是特工啊！

而那两份结婚证书又是怎么回事呢？原来，他们根本没去过婚姻的登记机关，而是由张一鸣找人买了四张伪造的结婚证。他说自己是特工，为了保护女方不受自己工作的影响，组织上可以代办，不用双双去民政局。周彤和邵婷婷都非常配合，交出了自己的户口簿、身份证和照片，过了几天，真的拿到了组织代办的“结婚证”，从此认为自己就和张一鸣结为夫妻了。

有了两个家庭的张一鸣并未显得慌乱，他时而说单位派他出国考察要离开几个月，时而说有情报需要搜集暂时不方便待在家里，时而说单位有案子要讨论几天不回家，实际上都是去了另一个家里。

不知道是不是因为常年背负着一个天大的秘密，以及两个家庭沉重的经济负担的关系，到了2010年，张一鸣发现自己的身体越来越差，总是觉得很累，终于有一天，不堪重负的张一鸣到医院做了一个身体检查，结果是胃癌中期！这个消息如同晴天霹雳，让张一鸣开始反思一路走来的行为，他对爱情的自私和贪婪以及对自己的盲目自信让他心力交瘁。张一鸣很纠结这么长时间以来可以经常以工作任务为由短则消失几天，长则消失几个月，游走于两个家庭之间，但是他的病如果治不好，他总不能一声不响就消失一辈子吧。张一鸣不是没有想过，既然婚姻可以欺骗那么长时间，死亡是不是也能作为一个理由来尽可能地安抚两位“妻子”的心呢？但活要见人死总要见尸吧，即使是“特工”身份，那国家也要给“特工家属”一个说法吧，该怎么给这两位“妻子”一个交代呢？张一鸣挖空心思也没有想到一个好办法。在得知自己的病情严重以后，张一鸣又一次以特工任务的借口离开了两位“妻子”，一个人住进医院接受治疗，这次离开不知道会是多久，不知道会不会是永远。但现在的张一鸣不管那么多了，目前对他来说，保命最重要，他需要接受治疗，也需要一个人冷静地想一想。

在经过几次化疗之后，医生告诉张一鸣治疗情况比预期的要好，可以进行手术。但此时的张一鸣已经没有钱来负担超出医保部分的高额医疗费了。经过几番挣扎，求生欲望强烈的张一鸣决定，通过朋友把生病的事告诉他的两位“妻子”，他希望两位“妻子”能救他，为他支付医疗费。但是，两位“妻子”知道真相后，都惊呆了，她们对自己如此轻易地相信张一鸣的骗局悔恨不已，她们首先想到的是自己年轻的人生就这样给毁了，她们是赶到医院来兴师问罪的。

邵婷婷先表态了：“你和我的这张结婚证书是假的，也就是我们之间根本就不存在婚姻关系，你不要指望我会拿出一分钱救你，这就是报应啊，活该你得这种病。我现在就跟你说清楚，我们到此为止，我还要问你要儿子的抚养费和我的青春损失费呢!”说完，转身离开了病房。周彤也发话了：“我没有办法原谅你骗了我这么多年，我不会给你钱治病的，我还要养孩子，你自己想办法吧。”说完头也不回地离开了病房，留下了孤苦无助、病入膏肓的张一鸣。张一鸣最后的希望也破灭了。

在以后的日子里，周彤和邵婷婷再也没有出现在病房里。当初那个周旋在两个女人之间游刃有余的男人，此刻一个人狼狈地躺在医院冰凉的病床上，两眼凹陷，头发几乎都掉光了，显得有些苍老，完全看不出当年的意气风发。病房里安静得可怕，没有人说话。这时旁边床位上的一个老伯伯说他认识一个律师，或许可以帮助张一鸣。

张一鸣如今身无分文，他唯一的财产就是当初分别购买在周彤和邵婷婷名下的两处房产。两处房产一处在上海的浦西，一处在上海的浦东，陷入绝境的张一鸣聘请律师将周彤、邵婷婷分别告上了两处房产所在地的法院。

法庭上，张一鸣起诉要求分割与邵婷婷和周彤同居期间的房子，受理案件的两家法院都是第一次遇到这样的同居分割财产案。面对两个非法同居案件，两份写在女方名下的房产，两个法院会如何判决呢?

故事发展到这里，也许您会问：张一鸣伪造了两张结婚证，娶了两位“妻子”的行为是否构成重婚呢?[①]

尽管两张结婚证都是伪造的，两个婚姻都不合法，但张一鸣有重婚的主观故意，涉嫌构成重婚罪。重婚罪一般是刑事自诉罪，周彤、邵婷婷可以直接向人民法院提起自诉。而在周彤、邵婷婷看来，既然结婚证都是假的，夫妻关系都难以确认，也就不去关心重不重婚了。她们关心的焦点，就是本案中张一鸣诉讼的两处房产的分割。

法庭上，法院首先向双方当事人严肃指出其行为的违法性和危害性，并对张一鸣给予了批评教育。然后，法院对系争的两处房产究竟是同居期间的共同财产还是女方个人的财产进行判定。在庭审中，原被告双方的意见产生了巨大的分歧。

周彤和邵婷婷接到起诉状后，非常气愤，原本应该是情敌的两个女人却因此而成了同一条战壕里的战友，她们互相联系，共商对策。她们坚持认为这套房子应当是自己的，张一鸣没有任何权利。她们的理由是：尽管是张一鸣出的钱，但房产证上只登记女方的名字，说明是张对女方的赠与，就是女方的财产。而且，整个事件中女方是受害者，没有任何过错，错全在张一鸣，是张一鸣一手导演了整场骗局。

针对被告邵婷婷和周彤的抗辩，原告张一鸣的律师提出的意见就涉及同居期间共同财产的分割问题。律师认为：张一鸣与邵婷婷、周彤之间形成的是同居关系。根据最高人民法院关于“以夫妻名义同居案件处理”的司法解释，同居生活期间双方共同所得的收入和购置的财产，按一般共有财产处理。鉴于张一鸣目前的状况，需要大量的医药费，这一司法解释还规定，解除非法同居关系时，一方如果患有严重疾病，分割财产时，应予适当照顾。现在，张一鸣身患重病急需经济上的帮助，两女方有义务给予经济上的照顾，使张一鸣能多分到房产份额。[2]

最后，法院在听取双方意见的基础上，认为原告在同一时间分别同两位被告同居，确有重大过错，对原告张一鸣再次进行了批评教育。并认为双方虽然不存在法律上的夫妻关系，但是从现有证据看，双方以夫妻名义长期持续性共同居住，可以认定双方同居的事实，应当适用“以夫妻名义同居案件处理”的司法解释的规定。本案系争的房产属于在同居期间购买，虽然张一鸣没有在房产证上登记，但是有证据证明其出资事实。并且，在房屋购买后双方仍以夫妻名义居住在该房屋内，所以可以推定张一鸣出资购房的行为是以共同生活为目的，应当认定为同居期间共同财产。

考虑到原告现在身患重病，且两套房产全由原告出资的事实，又由于被告和原告所生孩子都生活居住在该房，该两套房屋均不宜分割，故判令被告邵婷婷和周彤对原告张一鸣分别拿出各自所住房屋折价款一半的份额对原告进行补偿。

判决生效后，周彤和邵婷婷分别向亲戚朋友借钱执行法院的判决，这些钱都用于给张一鸣治病。完成这篇稿件时，张一鸣还在医院治疗，我们祝他早日康复。

洁蕙点评：

婚姻法第8条明确规定，结婚的男女双方必须亲自到婚姻登记机关进行结婚登记。两位受过高等教育的“妻子”应该不会不知道基本的法律常识，怎么会不约而同地上当受骗呢?

可能是张一鸣伪造的国家特工的身份蒙蔽了她们，也可能是，张一鸣骗的不是金钱，而是两个女人对他的盲目崇拜和痴狂。在金钱上他倒是出手大方，送房送钱。既有“国家特工”的显赫身份，又有钱有房，对这样的骗子，女人们就很难有识别能力了。

这个案例让我们知道，骗子不一定都是骗钱的，面对一些特殊的骗子，只要我们多了解一些法律常识（比如，结婚证不可能本人不到场就能办理登记），识别能力自然就提高了，就不会轻易上当了。

法点链接：

①《中华人民共和国刑法》第258条：“有配偶而重婚的，或者明知他人有配偶而与之结婚的，处二年以下有期徒刑或者拘役。”

②《最高人民法院关于人民法院审理未办结婚登记而以夫妻名义同居生

活案件的若干意见》第10条：“解除非法同居关系时，同居生活期间双方共同所得的收入和购置的财产，按一般共有财产处理。同居生活前，一方自愿赠送给对方的财物可比照赠与关系处理；一方向另一方索取的财物，可参照最高人民法院〔84〕法办字第112号《关于贯彻执行民事政策法律若干问题的意见》第（18）条规定的精神处理。”

第12条：“解除非法同居关系时，一方在共同生活期间患有严重疾病未治愈的，分割财产时，应予适当照顾，或者由另一方给予一次性的经济帮助。”

电梯情人

关键词 婚姻中的过错 隐私权

这一天晚上8点多，某住宅小区的保安周宝强正在小区保安室值班，他一边喝茶，一边看着显示小区内各个区域监控画面的屏幕，没有任何异样。可就在这时，5号楼电梯的监控屏幕上出现了一男一女，这一男一女从一楼进入电梯后，先是含情脉脉地对视着，然后互相搂抱，进而又热烈地接吻。这一突如其来的画面立刻使周宝强兴奋起来，好奇心驱使他凑上前去看个仔细，顺便辨认一下这对正在热吻的男女究竟是谁？仔细一看，他大吃一惊。这两个人他都认识，男的是住在小区7号楼的李伟，女的是住在小区5号楼的范娟娟，这俩人都有自己的家庭。他们的配偶，周宝强也都认识，而且，范娟娟还是新婚不久，邻居还都叫她新娘子。天哪，难道是自己眼花认错人了？周宝强愣在了那里。

周宝强没有认错人，在电梯里激吻的一男一女确实是小区里的两位业主。李伟，今年37岁，是一家房产中介公司的老板；范娟娟，今年25岁，是一名小学教师，刚刚新婚不久，丈夫是一名税务机关的公务员。范娟娟刚刚结婚，怎么会在自家小区的电梯里与别的男人激吻呢？她就不怕被别人看到，被丈夫知道吗？

其实，范娟娟和李伟早就认识，他俩认识的时候，范娟娟还没认识现在的丈夫呢。后来随着交往的深入，两个人有了特殊的感情，范娟娟本来是一心想等着李伟与老婆离婚，和自己结婚的。李伟一开始也是这样承诺的，范娟娟作为第三者，就这样偷偷摸摸与李伟交往了两年，可李伟一直也没有离成婚，范娟娟等不及了，后来认识了现在的丈夫裘宇，与裘宇交往没多久就结婚了，但这些事情裘宇并不知道。范娟娟新婚的房子，还是李伟帮着联系买的，当时，李伟想，范娟娟尽管和别人结婚了，但他们两人如果住在一个小区，往来还是很方便的。就这样，范娟娟和新婚的丈夫住进了李伟所在的小区。新婚后，范娟娟和李伟经常趁双方配偶外出之际，继续暗中幽会，这一切他们的配偶全然不知。

这次，李伟和范娟娟已经很久没有在一起幽会了，好不容易等到一个机会，李伟的老婆带着孩子回娘家了，范娟娟的丈夫也正好出差。这天，李伟请范娟娟先在外面吃了饭，然后两人一起回到范娟娟的家。因为两人都喝了一点酒，在电梯里就迫不及待地亲热起来。

以前这个小区的电梯里是没有监控探头的，恰好在这几天安装了监控器，很多居民还不知道，李伟和范娟娟也完全没有注意到电梯天花板的角落里新安装的摄像头。于是，他们激情拥吻的画面立刻传输到了保安室的监控屏幕上，让保安周宝强跟着兴奋不已，直到电梯到达范娟娟住的20层，两人结束拥吻走出电梯。自从当了保安，这种场面周宝强还是第一次见到，他立刻叫来另一名值班保安，如获至宝似的把刚才的录像重放给他看，两个人看得是津津有味，一边看一边还发出“哎呀，哎哟喂”的感叹词。

第二天，所有的保安都知道了这件事，大家都争着看李伟和范娟娟在电梯里的激情录像。一时，这件事在保安队成了最大的新闻。接下来，这件事情又会朝着什么方向发展呢？这件事发生后的第三天，范娟娟的丈夫裘宇出差回来，到门卫处取快递包裹，那天正好是周宝强值班，两人本来就挺熟，就开始闲聊起来。周宝强越看裘宇越觉得他冤，新婚妻子红杏出墙了，他还蒙在鼓里。于是，就旁敲侧击地提醒他：“你经常出差是吧？新婚不久应该多陪陪新娘子，否则新娘子红杏出墙可不好啊！”

一开始，裘宇听这个话尽管感到不舒服但也没有当回事，后来，他发现每一个保安看到他时的眼神、表情都怪怪的，就连一些平时见面点头的邻居看他的表情也是怪怪的。当有好心的邻居对他说“你要好好管好你的新娘子，别戴绿帽子”这样的话的时候，他觉得事情可能不那么简单。于是，一天，他趁门卫室只有周宝强一人时，偷偷问他：“你老实告诉我，究竟你们知道了些什么事情?”周宝强心想，作为一个男人，将心比心，戴了绿帽子还不知道，背后被人指指点点，多窝囊啊，于是，便一五一十把那天从监控录像看到的一切都告诉了裘宇。裘宇听到这一切，犹如五雷轰顶，心里有不可遏止的怒火在燃烧。裘宇提出要看录像，但是，周宝强觉得这事自己不能随便做主，要汇报领导，但汇报领导这事就搞大了，领导会问裘宇如何会知道这件事情？让领导知道自己嘴不严就麻烦了。于是，干脆就对裘宇说：“哎呀，监控录像只保留半个月，现在已经没有当时的录像了。”

其实，范娟娟与李伟的监控画面被保安队保留了下来，并没有被删除，周宝强怕多事而没有对裘宇说实话。

当天晚上，这个新婚之家就燃起了战火。回到家，裘宇拿起桌子上的茶杯就朝墙上摔去，“砰”的一声巨响，吓得范娟娟脸色惨白，不知发生了什么。“你有神经病啊！莫名其妙发什么火呀?”裘宇涨红了脸说：“我是有病，是睁眼瞎，戴了绿帽子还浑然不知。”当听到这话时，范娟娟心里的紧张自不必说，但嘴上还是很硬的，一边哭一边说：“你胡说什么呀？你说话要有依据，不能随便冤枉人。”“证据？人家都看见了，你还抵赖？你要骗我到什么时候?”“谁看见了？看见什么了？你就不怕被人挑拨?”“保安都看见了。”范娟娟一愣：“他们有证据吗？保安说什么你就信什么呀?”范娟娟这话倒是说得裘宇一时语塞了，是啊，自己那么冲动质问范娟娟，可是自己手里没有证据啊，周宝强说那段录像已经被删除了，也许有人散布谣言，离间他们夫妻关系也说不定啊。那晚，范娟娟一个劲地哭，哭得裘宇心烦意乱。裘宇决定，必须把这件事一追到底，看看到底是有人在搞阴谋还是真有其事。

之后的几天，裘宇分别从几个保安处了解录像的事，竟然得到了完全一致的说法，其中有一个保安告诉他，录像被保安队长复制到了移动硬盘，这个移动硬盘是公用的，就在监控室里。保安还告诉他，他们家的这件事保安都知道了，而且，这种事传播起来比火箭速度还快，估计全小区的居民都已经知道了。

看来，这件事确实是真的，但只有看到录像才能完全相信。当知道录像资料没有被删除这个信息，裘宇既高兴又失望，不知是一种什么奇怪的感觉。那天，裘宇又去找周宝强，因为他觉得周宝强还是很有正义感的，心里是同情自己的，会帮助自己的。当裘宇提出请周宝强帮忙把录像拷贝给他时，周一开始是拒绝的；但当裘宇表示只是想看看他们究竟在电梯里做了什么，绝对不会让周的领导知道，并且塞给了周500元钱时，周半推半就，最终找出移动硬盘让裘宇拷进了电脑。

裘宇一个人躲在房间里看着电脑屏幕上出现妻子和另一个男人接吻拥抱的画面。范娟娟搂着李伟的脖子还在含情脉脉地说着什么，可惜，监控录像只有画面没有声音，裘宇猜想，他们很可能在说“我爱你”这类肉麻的话。此刻的裘宇，感觉从头凉到了脚，这是作为一个丈夫绝对不能接受的。他决定报复妻子和那个男人。他认出了那个男人，因为经常能在小区里见到。裘宇会采取怎样的手段来实施报复呢？他会做出极端的事情吗？

裘宇已经做好了与范娟娟离婚的一切准备，但他没有和范娟娟争吵，事已至此，争吵已经没有任何意义，裘宇心里已经有了报复范娟娟和李伟的周密计划。他请了律师，向范娟娟提出了离婚。他希望范娟娟能协议离婚，并放弃所有夫妻共同财产，主要就是他们的那套婚房。裘宇想，自己结婚没多久就被戴绿帽子已经很窝囊了，只有在财产分割上获得心理补偿了。

裘宇本以为，自己掌握了电梯里范娟娟和李伟拥吻的录像，就可以证明妻子有过错，在离婚时，可以根据婚姻法的规定，范娟娟作为有过错方应该对自己进行赔偿，也就是自己可以分到绝大多数的夫妻共同财产。但是律师告诉他，婚姻法第四十六条所规定的有过错，必须是：重婚的；有配偶者与他人同居的；实施家庭暴力的；虐待、遗弃家庭成员的。范娟娟和他人在电梯中拥吻，不能算法律上规定的有过错的行为。所以，不能因为这段录像而确定范娟娟有过错。所以，律师建议裘宇通过协议离婚的方式与范娟娟离婚，裘宇决定用录像逼迫范娟娟放弃所有财产。

范娟娟一开始坚决不同意离婚，更不可能放弃财产，她说，她还是很爱裘宇的，他们结婚才几个月，怎么能随随便便就离婚呢，不是被人笑话吗？裘宇冷笑说道：“哼！被人笑话，如果我不和你离婚才被人笑话呢！如果你不想把这件事搞得满城风雨，就放弃财产离婚了事，否则，我会公布所有掌握的对你不利的证据！”

范娟娟自认为没有什么证据被裘宇掌握，肯定是裘宇在威胁她，所以也不甘示弱。可当裘宇出示了录像时，范娟娟几乎瘫倒了。她一个劲地哭，一边哭一边请求裘宇原谅她这一次，发誓自己以后决不做这种事，两人能重新开始新的生活。但是，裘宇哪里愿意原谅她，并表示，这个婚是一定要离的，财产也是一定要得到的。

第二天，范娟娟立刻将这件事告诉了李伟，李伟得知此事也很懊恼，说：“唉，哪知道突然装了监控录像啊！这些个保安，肯定是他们把录像拷给他的，气死我了！”范娟娟告诉李伟，现在裘宇的主要目的是离婚，并拿到所有财产。李伟也决定去咨询一下律师。李伟咨询来的情况当然和裘宇的律师说的一样。

了解了法律的规定，范娟娟觉得没有必要答应裘宇把所有财产都给他的要求。于是，范娟娟依然坚决地告诉他，自己不愿意离婚，如果裘要离婚，让他到法院去告，至于共同财产法院该怎么判就怎么判！

听到范娟娟竟然这样答复自己，裘宇简直气死了，他本来只想在财产上争取一些利益，没想到范娟娟和李伟竟然这样给脸不要脸，他决定实施第二步报复计划。

那天，裘宇特地请了假，没有上班，他敲开了李伟家的门。李太太在家，她是一名全职太太。裘宇说明自己是本小区的居民，不是坏人，有件重要的事要告诉李太太。李伟的太太开门让他进来，李伟向她展示了拷贝来的监控录像，并告诉她，录像里的女子就是自己的妻子范娟娟，而那个男人不用介绍，李太太想必也认识。这一切把李太太看得目瞪口呆。李太太气得脸色惨白，语气发抖，说：“你能不能把录像复制给我？”裘宇说：当然可以。于是，录像又被复制给了李太太。

李太太拿到录像又会做出怎样的事情呢？李太太那几天茶饭不思，以泪洗面，她万万没有想到，自己放弃工作，全心服侍丈夫，而丈夫竟然背着自己还在外面搞这样的花头，真是痛心疾首啊！李太太擦干眼泪，也决定离婚。

这一天，李家也闹开了锅。李太太要求李伟净身出户。李伟哪肯答应，他为自己辩解，说是那天喝醉了酒，一时冲动才在电梯里拥吻了范娟娟，其实，他和范娟娟两人根本没有事。李太太根本不相信，她威胁李伟，如果李伟不同意净身出户，她会拿着录像做出谁也无法想象的事情来。这下可把李伟吓坏了，他一把夺过光盘，但李太太告诉他自己还有备份，复制了很多。

事已至此，李伟和范娟娟意识到事态的严重性，他们找律师咨询对策。律师了解情况后，告诉他们，如果事态扩大，裘宇和李太太很可能会把录像发送给与李伟和范娟娟利益相关的人，比如领导或同事，或两人的父母亲属等，应尽快制止裘宇和李太太做出偏激的行动，李伟和范娟娟应先同意在财产上做出让步，平息裘宇和李太太的情绪，然后，再找小区物业公司交涉，裘宇怎么会得到录像？必要时，可以通过诉讼的途径追究物业公司的法律责任。

李伟和范娟娟按照律师的建议，先口头同意放弃财产。接着，李伟拿着从李太太那里夺来的光盘，找到物业公司保安部门。保安部门一开始坚决不承认这件事，说他们不可能把录像流传出去，直到李伟拿出手里的光盘追问，他们才无话可说。

其实，范娟娟特别是李伟都是不愿意净身出户的，李伟有一家房产中介公司，资产至少在两千万元以上，如果按照李太太的条件，全部给李太太，李伟将来去喝西北风？十多年的打拼就要付之东流，他是绝不会答应的，此前，按照律师的建议，口头同意净身出户，只是缓兵之计，接下来又该怎么办？

李伟和范娟娟同律师商量后，决定变被动为主动，他们分别先以原告的身份向法院提出离婚，并同时向物业公司提起诉讼，告他们向自己的配偶拷贝录有自己隐私的视频文件，构成对自己的侵权，要求精神损害赔偿10万元。他们这样做的目的是，一来，即便裘宇和李太太向其他人公布了电梯里的录像，他们也可及时求助法院制止该行为；二来，按照婚姻法，自己不算判决离婚时有过错的几种情况，法院判决时也不会判自己净身出户。

法院分别受理了离婚诉讼案和侵权责任案。

法庭上，原告李伟和范娟娟认为：他们在电梯里拥吻的行为，是不当的、不道德的，但是那确实是他们的隐私，物业公司保安在看到监控画面后，应及时向他们本人提出提醒，让其本人纠正错误，而不应该将录像资料随意扩散，甚至将录像拷贝给原告的配偶。这样做的结果，导致两个家庭关系恶化，濒临解体，使两原告和配偶陷入无尽的精神痛苦之中，物业公司因管理不善造成对业主隐私权的侵犯，应承担侵权责任。[①]

物业公司坚称：他们的保安周宝强在原告配偶裘宇的再三恳求下，认为配偶有互相忠诚义务，一方违背此义务的，另一方应有知情权，而最终同意将录像拷贝给裘宇，保安没有向其他第二个人流传出录像，至于裘宇再将录像拷贝给李太太，那是裘宇的责任，和物业公司无关。另外，小区大楼安装监控设备的信息，早已通过张贴告示的方式通知了各位业主，电梯本来就是属于全体业主的公用设施，那就是公共场所，在公共场所做出拥吻的举动，只能认为这是“自我公开”隐私了。不存在保安侵犯隐私权的问题。

双方各执一词，辩论得难解难分，那么，最终法院会如何判决呢?

法院经过审理认为：小区保安部门获得监控录像是合法的，但向任何与保安管理工作无关的他人传播该录像，属于侵权行为，构成对原告的隐私权侵权。至于原告违背夫妻忠诚义务，配偶有知情权的问题，保安部门也必须在具有法院调查令等合法手续的情况下，出具该证据，而不能随便向他人提供该证据。故判决物业公司承担原告精神损害抚慰金等共计8万元。[②]

法院判决生效后，物业公司向范娟娟和李伟支付了8万元赔偿款。李伟和范娟娟也通过离婚诉讼分别离了婚，至于财产的分割，法官运用自由裁量的权力，在财产分割方面做出了向裘宇和李太太倾斜的考虑，裘宇和李太太适当多分到了财产。

本来这件事也该结束了，但不久，物业公司把周宝强开除了，并把周宝强告上了法庭，向其追索物业公司先行承担的赔付款 8 万元。原来，范娟娟和李伟没有告保安而是将物业公司直接告上法庭，是因为保安的行为属于职务行为，保安代表的就是物业公司，应该追究物业公司的责任。现在，物业公司对外承担责任后，回过头来找周宝强算账，不仅开除了周宝强，还要他承担赔偿。失去工作的周宝强最后还是向亲戚朋友东借西凑了 8 万元还了物业公司的钱。因为有这个前科，再去找工作，别的单位都不敢要他。他连呼好心得不到好报，真是倒了八辈子霉啊！

洁蕙点评：

这个案件的法律点在于隐私权的保护。通常我们认为，个人绝对不愿意公开的信息才是隐私，如果个人已经在一定范围公开了自己的隐私就不能算作隐私了，这其实是一种误解。其实，公民个人对自己隐私公开的范围和程度是有决定权的。电梯属于公共场所不错，如果他们在电梯里接吻正巧被乘电梯的人看到，看到的人不构成侵犯隐私权。本案的两个原告不知道电梯里安装了监控，如果知道，想必他们不会做出这样的举动，他们自以为没人看见自己的隐私，就互相拥吻，但恰恰他们的拥吻被保安看到了，这时候保安不构成侵权。但是，保安把看到的他人隐私信息扩散出去，还把录像向更大的范围传播，又拷贝给与工作职责无关的其他人，这样对隐私公开的范围和程度有决定权的当事人来说就构成了侵犯，因为，保安向他人进行了传播，双方的配偶也属于“他人”。

另外，本案中，范娟娟和李伟还因为隐私权被侵害，得到了精神损害赔偿。侵权无外乎是侵犯他人的人身权利和财产权利，隐私权属于人身权利。人身权利是指一个人依法享有的与人身相关的权利，它包括人身自由、生命健康和人格尊严，人格尊严又包括肖像权、名誉权、荣誉权、姓名权和隐私权等。我国法律规定，人身权利受到侵害时可以得到精神损害赔偿，一般情况下，财产权利损害是不能得到精神损害赔偿的，除非是像具有人格象征意义的特定纪念物品等，因侵权行为而永久性灭失或者毁损，可以得到精神损害赔偿。

法点链接：

①《中华人民共和国侵权责任法》第2条："侵害民事权益，应当依照本法承担侵权责任。本法所称民事权益，包括生命权、健康权、姓名权、名誉权、荣誉权、肖像权、隐私权、婚姻自主权、监护权、所有权、用益物权、担保物权、著作权、专利权、商标专用权、发现权、股权、继承权等人身、财产权益。"

②《中华人民共和国侵权责任法》第22条："侵害他人人身权益，造成他人严重精神损害的，被侵权人可以请求精神损害赔偿。"

夺命海滩

关键词 工作潜规则　工伤赔偿　损害赔偿　遗产

一天中午11时许，在某沿海地级市荒无人迹的海滩上，渔民们发现了一辆黑色的奔驰轿车，车身已泥迹斑斑，四个车轮已深深陷入淤泥中。渔民靠近一看，车后座上躺着一男一女，几乎衣不遮体，看样子已经气绝身亡，死状非常凄惨。这一男一女是谁？他们是什么关系？为何来到这荒无人迹的海滩？是自杀还是他杀？

警察接报后立刻赶到现场，经法医初步鉴定，这对男女已经死亡，死因为窒息而亡，死亡时间应在当天早上5点到6点。警方通过奔驰车的发动机号很快找到了车主。车主就是本案的死者之一——顾文强，他是当地某股份制银行的董事长，今年52岁。妻子叫王琳琳，32岁。顾与原配离异后与王结婚，他们有一个10岁的儿子。而顾文强与前妻所生儿子顾小勇，已经27岁了，在银行信贷部任副经理，顾文强有意培养大儿子将来成为自己的接班人。那么，死者中另一名女性又是谁呢？

这名女性死者经多方辨认，身份也得到了确认。她叫李红，25岁，是当地某广告公司公关人员，刚刚结婚，丈夫吴刚是当地另一家银行的业务员。

双方家属得到噩耗后纷纷赶来，顾文强的妻子王琳琳扑在丈夫的遗体上号啕大哭，痛不欲生；李红的丈夫吴刚则蹲在角落里，一边默默擦眼泪一边抽闷烟。考虑到先安抚双方家属，不要激化情绪，警方没有具体告知双方家属死者被发现时的细节，但双方家属对自己亲人死得不明不白也都觉得很蹊跷。他们各怀心事，又想为死去的亲人保留面子。大家讳莫如深，认尸的场面着实尴尬。这时，顾文强的大儿子急匆匆赶来，当蹲在地上的吴刚看到顾小勇进来，立马跳起身来冲过去要打他，但被在场的民警给制止了。那么，顾文强为何与李红双双死于车中，他们之间是什么关系？又为何跑到如此偏僻而危险的近海泥滩？吴刚为何一见到顾小勇就要打他？这死者的丈夫与另一死者的儿子之间又有怎样的恩怨？

经过法医的进一步尸检，死者死亡时间在事发当天的凌晨5点，死者血液中的酒精浓度非常高，可以判定两名死者死前喝了大量的酒，但由于尸体被海水浸泡过，一时还很难鉴定死者生前有无性行为，但从死者的衣着情况来推断，二人很可能是在车内发生性行为后遇难死亡的。

警方分析，其中一种可能性是：事发当天是农历十五，晚上12点正值海水最低潮，死者酒后驾车来到正退潮的近海滩，趁着酒兴发生了性关系，然后在车中睡着。但是，海水渐渐涨潮，到早上6点左右涨到最高潮，这时，奔驰轿车早已完全淹没在海水中，两人窒息而死。如果是这样，那这完全是一次意外事故。不过，警方认为，也不排除他杀的可能。如果有人将二人灌醉后脱去衣服制造二人有奸情的假象，再将车停在马上要涨潮的近海滩，故意趁海水涨潮将车淹没使两人溺水死亡的话，这就是一起谋杀案了。那么，死者究竟死于意外事件还是他杀？真相究竟何在呢？

警察分头到顾文强的银行和李红所在的广告公司排摸情况，到死者的同事、朋友、亲属处了解二人的社会交往情况。经过进一步排摸，了解到顾文强的银行要做广告宣传，正在选择广告公司，李红的公司是积极投标的广告公司，李红被公司老板指派专门负责对顾文强的公关工作。在广告公司安排的宴会上，李红也总是坐在顾文强的边上，外人看来，二人确实很投机，李红深得顾文强的喜欢。

那么，事发当天有没有人看到他们呢？最后看到二人或者二人中一人的人很有可能提供重要线索。警方走访了很多人，没有人能提供这方面线索。只是广告公司的老板一开始支支吾吾，说是他介绍他们认识，酒桌上他还故意把李红安排在顾文强边上，谁也没想到会发生这样的事，自己觉得很对不起死者。说着就抽泣起来，然后说，由于事发当天是星期天，正好休息，李红和顾文强是否见面他不知道。

因为是周末，顾文强的司机也没上班。司机反映：由于顾文强被妻子王琳琳看得很紧，顾与王结婚后没有再与其他女人有暧昧的来往。自从认识李红，顾文强明显表现出喜欢和欣赏，但他没看出二人有不正常关系。李红曾坐过顾文强的车，是某天晚宴后顾顺道送她回家。

警察又分别调查了顾文强的儿子顾小勇和李红的丈夫吴刚，这才明白，李红与顾家还有着另外一段纠葛。原来顾小勇、吴刚和李红竟然是大学同学。李红长得眉清目秀，个子高挑，身材苗条，当时有很多人追求她，其中就有吴刚和顾小勇。顾小勇仗着家里有钱，老是拈花惹草，甚至还让别的姑娘怀了孕，李红觉得没有安全感而最后选择了老实可靠、家境一般的吴刚。但顾小勇还时不时纠缠李红，就在最近，为了完成公司广告业务的事情，李红曾经找过顾小勇，请他到他的父亲那里通融一下，把这笔生意给他们公司做，顾小勇就恬不知耻地提出，只要李红和他上床，这事包在他身上。李红当即沉下脸来，转身就走。后来没多久，李红就直接结识了顾文强，而顾文强对李红又很是喜欢，顾小勇得知后就没敢跟父亲提及他和李红的事。这些事情吴刚都知道，所以，那天在公安局见到顾小勇，二人差点又动起手来。那会不会因为知道顾小勇父子都想染指自己的妻子，或者知道妻子已经与顾文强有了不正当男女关系后，吴刚顿起杀心呢？吴刚成了警方的重点怀疑对象。

警方开始了解事发当天吴刚的行动去向。那天是周六，据吴刚讲，他一个人在家里修电脑，李红说单位有应酬下午就出去了。晚上他见李红没有回来就一直打她手机，但却打不通；打她单位电话根本没人接。那一晚他心里憋了一肚子气，正准备等李红回来发作，没想到却接到了警方的电话，得到妻子已经不明不白地和顾文强死在了海滩的消息。面对警方的询问，吴刚表现出了莫名的烦躁，他几次哽咽说不下去。按照吴的陈述，警方检查了他的电脑，电脑记录了吴使用某些软件的时间和上网的时间，基本可以判断吴说的是事实。另据李红父母反映，自己的女儿绝不可能做对不起女婿的事情，肯定是有人要陷害女儿，可是，他们的女儿只有25岁，会有什么仇人要害她呢？对方可能是顾文强的仇人，自己女儿成了牺牲品。那么，这个凶手又会是谁呢？警方查找了所有可能与顾文强生意上有仇、有不和的关系人，但都没有发现有价值的线索。案件进入了死胡同。警方还是将调查的重点放在事发当夜与顾文强有过接触的人。

就在这时，传来一个消息，顾文强的一个好朋友反映，事发前一天晚上，顾文强带李红到他家喝酒，三个人喝光了三瓶白酒，一直喝到晚上10点半左右。当时，李红不愿多喝。顾就说，喝一杯，他就追加100万元广告费给李的公司。这样，李红就喝了很多酒。后来，朋友的老婆回来了，顾文强就带着李红开车走了。当时朋友还担心顾文强酒后开车不安全，但是顾执意要自己开车，朋友也没拦住，没想到，发生了这样的惨剧。警察问这个朋友，为何不马上告诉警方这一重要线索。这位朋友说，害怕惹祸上身，不敢告诉警察。后来自己每天睡不好吃不香，觉得还是如实说出来好。警察问："席间他们都说了些什么？"朋友说，听李红讲，那天中午是顾文强打电话给李红老板，问晚上让李红出来陪他喝酒可不可以，李红老板一口答应，说这是必须的。所以，李红就出来了。

警察马上找到李红的老板，老板承认事发当天中午，顾文强曾亲自打电话给他，说是要请李红晚上出来陪他喝酒；可李红说，必须经过老板同意。老板当然同意，因为只要顾文强签字，他们将接下全年5000万元的广告单子，这么大的客户怎敢怠慢呢。这样看来，老板一开始也向警方隐瞒了这个细节，老板的理由和顾文强朋友的差不多，怕多事，怕警察怀疑这件事和自己有关。

这么看来，晚上10点半左右，顾和李便开车离开朋友家，朋友家离事发的海边足足有40公里路程，两人为何要到如此偏远、人迹罕至又充满危险的海边呢？这个谜一直没有解开。

就在这时，法医部门传来了消息，经过反复鉴定和DNA检测，两人在死亡前数小时发生了性行为。通过各种支离破碎的片段，警察正在逐渐还原事情的真相。警方分析，应该可以排除他杀并伪造现场的可能性，当初分析的第一种可能性更大，那就是顾李两人酒后驾车，迷失了方向，一路来到海滩边。此时，海水正退潮，他们一路开进泥滩，直到车轮陷入泥滩中。两人借着酒兴，听着海浪声，发生了性关系，然后睡着了。等到早上五六点，海水涨潮，两人和汽车一起被淹没在海水中，窒息而亡。中午时分，海水退潮后，人们发现了汽车和尸体。当警察将调查结论告诉双方家属时，双方的家属一开始都不能接受，但在DNA鉴定结论面前，最后不得不接受了这个事实。但是，李红的家人一再坚持是顾文强趁李红酒醉，强奸了李红。可是两人都已死亡，无法继续查证，即便存在强奸，犯罪嫌疑人也已经死亡，此案只能就此结案。李红家属哪肯就此罢休。吴刚和李红父母聘请律师准备告广告公司和顾文强的遗产继承人，要求赔偿。他们认为，李红去陪顾文强喝酒，是老板同意的，属于工作加班，在工作期间死亡，属于工伤，应该享受工伤待遇；而顾文强醉酒驾车，将车开到海边，最后致他人死亡，应该承担赔偿责任。这两方都应该为李红的死亡承担赔偿责任。那么，李红的死是否属于工伤？顾文强是否要对李红的死亡承担赔偿责任呢？

李红家属首先要求广告公司到劳动和社会保障部门为李红申请工伤认定。广告公司不同意，他们不认为这是工伤，吴刚就自行到当地劳动和社会保障部门去申请认定工伤。吴刚认为，周六本是休息日，李红是在征得领导同意后，才出去陪顾文强喝酒的。顾文强不是别人，正是广告公司的主要客户，所以，作为公司的公关人员，被派陪主要客户喝酒完全是为了工作，在工作时发生意外事故死亡，理应按照工伤待遇获得赔偿。但是，劳动和社会保障部门经过调查认为，李红确实是经老板同意去陪顾文强喝酒的，但是，只是喝酒不会发生意外死亡事故。他们后面来到海边，在车内发生性行为等，都不是老板指派的任务。事发当时已经是半夜了，大大超出了工作时间，而海边也不属于工作场所。所以，李红的死亡完全不属于《工伤保险条例》规定的：在工作时间和工作场所内，因工作原因受到事故伤害。李红的情况也不符合其他任何一条工伤赔偿的规定，不应该构成工伤。[①]

我们为李红感到惋惜，她作为一名公司的公关人员，必要的公关社交是难免的，但经鉴定，她和客户在死亡前发生了性关系，且无法证明是自愿还是被迫，要认定工伤确实有极大难度。考虑到李红家庭的实际困难，劳动和社会保障部门的工作人员做了双方的工作。他们认为，李红毕竟是为了公司的利益而去陪顾文强喝酒的，单位作为受益人，从公平原则出发，也应该对死者家属做出适当的补偿。经过双方多次协商，单位对李红家属进行了补偿，补偿款为18万元。

自从顾文强不明不白、不干不净地死后，他的妻子王琳琳每天都是以泪洗面。她万万没想到，自从结婚后一直被自己看得牢牢的丈夫竟然会和一个比自己更年轻的女人双双在车里死去，而且还被检查出死前有过性行为。作为妻子已经没脸出门见人了。正在这时，吴刚将她和顾小勇告上法庭。王琳琳和顾小勇作为顾文强的继承人，吴刚要求他们承担李红死亡的民事赔偿责任，赔偿包括死亡赔偿金、丧葬费和家属精神抚慰金等共计人民币100万元。

王琳琳接到法院传票，委托律师应诉。她通过律师表示坚决不同意赔偿。那么，李红的死，顾文强是否要承担责任呢？尽管顾文强已经死亡，但如果顾文强对李红的死有过错，就应该承担赔偿责任，就应该在他的遗产中拿出赔偿款给李红的家属。吴刚聘请的律师认为：李红作为一名广告公司的公关人员，顾文强是要做广告的客户，顾利用这种业务上有求于他的不平等关系，要求李红在休息日出来陪他喝酒，醉酒后又驾车开至退潮海域，并与李红发生性关系。尽管在刑事上，因为李红死亡，无法证明当时发生性关系是否违背其意志，也因行为人顾已死亡，不再追究该起案件的刑事责任。但不追究顾的刑事责任，并不代表他可以不承担民事责任。在民事责任认定方面，相对刑事责任认定，要宽松很多，只要有证据证明行为人有违法行为，有主观过错，受害人有损害结果发生，损害结果与行为人的行为之间有一定因果关系，就可认定构成民事侵权责任，受害人就可以要求赔偿。现在，我们以此来判断：顾文强利用业务上的不平等关系，要求李红周末陪他喝酒，并以喝多少酒就给多少数额广告费为条件，迫使李红喝了过量的白酒。顾在自己也喝了过量白酒的情况下，醉酒驾驶，已经严重违反了我国的道路交通安全法和刑法的相关规定，最后造成受害人溺死车中。受害人的死亡与加害人的行为有直接因果关系，尽管加害人已经死亡，应以其遗产对受害人进行民事赔偿。根据继承法的规定，继承人应当在继承的遗产中，清偿被继承人生前的债务。[②]

最后，法院采纳了原告律师的意见，做出判决：顾文强应对李红的死亡承担主要赔偿责任，赔偿款在其遗产中执行，赔偿数额包括死亡赔偿金、丧葬费和精神抚慰金等共计人民币 60 万元。判决生效后，顾小勇执行了判决，并到李红的坟前致哀。他代表他自己和死去的父亲向李红表达了深深的忏悔。

吴刚和李红的父母拿到了广告公司的补偿和顾文强的赔偿共计 78 万元，但是，花样年华的李红却永远地离开了他们，也给家人留下了永远无法弥合的痛苦。

洁蕙点评：

这是一个潜规则引发劳动者权利保护思考的典型案例。李红为了完成公司的工作任务而与客户顾文强交往，在交往中没能很好地保护自己，超越了工作底线，被潜规则伤害，最终失去了年轻的生命。而李红的老板，一心只为了公司能拉到客户，对客户可能对自己的员工进行侵害也睁一只眼闭一只眼，没有很好地保护员工，也负有不可推卸的责任。

当然，这个案件是员工受潜规则伤害的极端个例，生活中更普遍的例子是，员工遭受老板、客户的潜规则后，为了保住饭碗，忍气吞声，吃哑巴亏，或者因为没有证据，无法申告，只能辞职了之。尽管在我国的诸如妇女权益保障法等法律中，有禁止对妇女实施性骚扰、受害妇女有权向单位和有关机关投诉等的原则性规定，但潜规则、性骚扰等侵权行为，由于其隐蔽性很强，又没有非常有效且有操作性的法律保护，所以，发生此类侵害，受害人一般很难维权，致使某些加害者有恃无恐，越来越猖狂。

在此提醒可能受潜规则侵害的员工要注意自我保护：平时上班衣着不要过于暴露，酒桌上要保持清醒，避免单独与可疑对象相处，遇到侵害注意保留和收集证据。

如何正确处理工作业务关系，避免被潜规则伤害，值得我们思考。

法点链接：

①《工伤保险条例》第14条："职工有下列情形之一的，应当认定为工伤：

（一）在工作时间和工作场所内，因工作原因受到事故伤害的；

（二）工作时间前后在工作场所内，从事与工作有关的预备性或者收尾性工作受到事故伤害的；

（三）在工作时间和工作场所内，因履行工作职责受到暴力等意外伤害的；

（四）患职业病的；

（五）因工外出期间，由于工作原因受到伤害或者发生事故下落不明的；

（六）在上下班途中，受到非本人主要责任的交通事故或者城市轨道交通、客运轮渡、火车事故伤害的；

（七）法律、行政法规规定应当认定为工伤的其他情形。"

②《中华人民共和国继承法》第33条第1款："继承遗产应当清偿被继承人依法应当缴纳的税款和债务，缴纳税款和清偿债务以他的遗产实际价值为限。超出遗产实际价值部分，继承人自愿偿还的不在此限。"

夺子大战

关键词 离婚时未成年子女的抚养　亲子鉴定

2012 年春天，一个阳光明媚的午后，在上海某区一所小学门口，人来人往。突然，人群中爆发出一阵骚动，一个五大三粗的男人拉着一个 10 岁左右的男孩，拼命往前跑。紧随其后，一个颇有姿色的中年妇女从学校跑了出来，直追前面的孩子和男人，并在后面高喊："你给我站住，你再不站住，我们就报警了！"人们纷纷围了过来，人群里冲出几个见义勇为的好心人，有的抓住男人的胳膊，有的来夺小孩，有的在一边高喊："有什么事好好说，不许伤害孩子。""不知道中央正打拐么？你这顶风作案罪加一等！""你这是绑票啊?!"男子连忙申辩："我不是绑票，我也不是拐卖儿童，我是孩子的爹！"而怀中的孩子也喊："你们不要打我爸爸，你们不要打我爸爸！"那男人在人们的围攻下紧抱孩子不肯放手。这时，巡警赶到，经过一番调查得知，男的叫古心洋，女的是他的妻子刘娴，孩子是他们的儿子子键。他们这是要干什么呢？

认识古心洋夫妇的人都会说，古心洋真是好福气，自己长得五大三粗，要貌没貌，要钱没钱，却找了刘娴这样一个标致的美人做老婆，让很多男人煞是羡慕。古心洋和刘娴是大学同学，刘娴最终嫁给古心洋，当年着实让同学们感到十分意外。因为当时刘娴和班里另外一位男生——潇洒英俊、家境优越的李凡的恋情大家都知道，两人爱得死去活来，李凡曾经发誓非刘娴不娶，刘娴也答应非李凡不嫁。可最终，刘娴却出人意料地嫁给了毫不引人注目的古心洋。

当年，古心洋是个挺自卑的小伙子，他暗恋刘娴，也曾通过请刘娴看电影、借书等方式表达了自己对刘娴的爱意。但刘娴根本没把他放在心上，古心洋只是单相思而已。当他知道刘娴爱上李凡后，更觉得不是李凡的竞争对手，也就断了这份念想。但是，只要刘娴需要他帮助，比如帮忙抄作业、买书等事，古心洋一定认真负责地按刘娴的要求完成。所以，尽管刘娴不爱古心洋，但对他也不反感。有时候，难免和李凡吵架、闹别扭，刘娴会主动找古心洋出去聊天，有古心洋陪伴，刘娴会暂时忘记和李凡的不快。但是，一旦和李凡重归于好，刘娴又会忘记古心洋的存在。这样的状态持续了两年。直到大学毕业后有一天，刘娴打电话给古心洋，两人相约在咖啡馆见面。刘娴一见到古心洋就哭了起来，古心洋连忙掏出纸巾帮她擦眼泪，刘娴就一下抱住了古心洋，一边哭一边说："我现在才觉得你是真正对我好，我已经和李凡分手了，你愿意和我好吗？"古心洋心中暗喜，把怀中的刘娴抱得更紧，既兴奋又激动："当然啦，你知道我一直是喜欢你的。"当天晚上，刘娴就与古心洋发生了性关系。从此两人便开始出双入对，甚至经常同居在一起。尽管如此，古心洋还是觉得有些担心，他怕情敌李凡会东山再起，横插一脚，把刘娴从自己身边夺走。毕竟他们先在一起，而且谈了有一阵儿了。但很快，一个好消息消除了他的担心——李凡申请出国留学，离开了上海。古心洋心中一块石头落地，感谢老天帮忙之余还希望老天保佑，让李凡有多远走多远，最好在外面落地生根、娶妻生子。

一天，古心洋接到一个陌生电话，电话那头是一个中年妇女的声音："你是古心洋吗？我是刘娴的母亲。你晓得自己做了什么吗？"古心洋刚和刘娴好上，两人还没有见过双方的父母，古心洋却以这样的方式和刘娴的母亲打上了交道。"阿姨，您好！您这话是什么意思？""什么意思？你知道吗？我们家刘娴怀孕了。"刘娴母亲是来向古心洋兴师问罪要个说法的。古心洋有些措手不及，但他是个有担当的男人，当即就在电话里表态："伯母您放心，我会对小娴负责的。"

奉子成婚，特事特办。很快，婚礼在双方家长的操持下隆重举行，古心洋得偿所愿抱得美人归。几个月后，刘娴顺利产下一个大胖小子，取名子键，儿子的降生给古家增添了许多乐趣。古心洋本来就是一个心特别细、特别顾家的男人，他对儿子非常疼爱，洗尿布、接送孩子上下学、给孩子当马骑、陪孩子玩，都是古心洋包下的活儿，他把全部心力都倾注到了孩子身上。

就这样一晃十多年过去了。古心洋从一个毛头小伙子变成了中年男人，小子键则在父母的关爱下茁壮成长，12 岁的他已是小学毕业班的学生了。子键聪明伶俐、人见人爱，学习成绩在班里也是名列前茅，是个品学兼优的孩子，这都离不开古心洋的悉心培养。子键和爸爸特别亲，爱粘着古心洋，和母亲刘娴却并不那么亲近。大家都开玩笑说这是古心洋太宠爱子键的结果。

尽管刘娴对古心洋没有当年对李凡的激情，但是，古心洋顾家、善于操持家务，三口之家的日子倒也平淡安康，俗话说平平淡淡才是真嘛。然而，不知从什么时候起，古心洋觉得家里的氛围慢慢发生了变化，具体有什么不对他也说不上来，只是感到刘娴好像对自己越来越疏远，对家里的事，特别是孩子的事爱理不理，好像另有心事。古心洋也曾问过刘娴是否遇到了什么烦心事儿，刘娴总是推说没什么，有时被问急了，还会向古心洋发脾气，说自己上班很辛苦，埋怨古心洋不仅不体谅，还要挑剔盘问她。古心洋猜测老婆可能是提早进入更年期了，就不再多想。但在一次大学同学的聚会上，古心洋听说李凡从美国回来了。同学们还揶揄他："当年的情敌回来啦，你可要小心哦。"自此，老实单纯的古心洋便留了个心眼，开始关注起刘娴的一举一动。他发现每次在家里接手机电话，刘娴总是拿着手机像找信号似的"喂喂喂"踱到门外或其他房间。而且接手机时的刘娴就像换了个人，神采飞扬。

事情不能这么混下去，得弄个水落石出。

很快，古心洋就找了一个机会打开刘娴的手机。手机的通话记录显示刘娴近期与一个号码频繁联系，而这个号码竟然与他向其他同学打听到的李凡在上海的联系电话一模一样。摊牌的日子到了，古心洋拿着电话证据对刘娴说："给我一个合理的解释吧。"在古心洋的逼问下，刘娴一五一十地坦白了和李凡故人重逢、旧情复燃的经过。古心洋听得心里拔凉拔凉的：怪不得刘娴对自己日渐冷淡，还以为是她上班工作所累，原来是和李凡已经前缘再续，而自己却还一直被蒙在鼓里。

"那你接下来有什么打算呢?"古心洋问。

刘娴说："我想我还是忘不了他。我爱的人是他。"

此言一出，古心洋真正是万念俱灰。当初以为自己是笑到最后的人，谁知十年之后还是输给了李凡。

"既然我给不了你爱，我应该给你自由，我们离婚吧。孩子归我，房子一人一半。"

"不行，"刘娴本能地拒绝，"房子和其他所有财产都归你，但孩子不能归你。"

"我可以什么都不要，但我一定要孩子!"

"孩子不是你的。"刘娴的话脱口而出，话一出口，刘娴自己也震惊了。

古心洋本以为失去了妻子的爱，至少还有孩子作为自己的寄托，没想到妻子刘娴语出惊人，让古心洋顿时傻了眼，甚至是火冒三丈。

"你说什么?你再说一遍。"古心洋一把抓住刘娴："你看着我，把刚才的话再说一遍!"

刘娴想，事情既然已经到了这个份上，也无所谓了，她看着古心洋说："你还记得因为我怀孕的事，我妈给你打电话吗?"

"记得。"

"那个时候我爸妈知道我怀孕，非常生气，要我交代谁是孩子的父亲。我被他们搞得烦死了，就顺口说出了你的名字。"

"那子键的父亲到底是谁?"

"你也知道，那时我跟李凡已经谈了好久了，当时是因为赌气才和他分了手，和你在一起的……反正子键不是你的孩子。现在，李凡回来了，他希望能和我和孩子在一起……我们欠你的，一定会在经济上加倍赔偿你。”

此时此刻的古心洋，遭遇到作为一个男人最大的屈辱。古心洋后悔自己爱错了人，痛定思痛，他却仍然无法割舍对子键的疼爱。尤其是当幼小的子键知道父母要离婚时，抱着古心洋的腿，哭喊着：“爸爸，不要让我离开你。爸爸，我要和你在一起。”听着孩子的哭声，古心洋的心都快碎了。在夫妻分居的日子里，孩子还是坚持和古心洋一起生活。

孩子是无辜的，他们之间的感情笃深，子键自己也愿意与“爸爸”一起生活；这么多年下来，他们之间纵无血缘关系，但也已形成了事实上的父子关系。古心洋思前想后，终于做出了一个重大决定——坚持要求对子键的抚养权。

双方互相对峙，僵持不下。听说了这事的几个最亲近的朋友纷纷私底下议论。有人说，古心洋作为父亲尽心尽力地抚养孩子，子键应该继续由古心洋来抚养。有人指责刘娴人品上有问题，子键还是跟古心洋更有利于孩子的成长。有人则劝古心洋不要死心眼，毕竟抚养一个孩子不容易，他没必要承担那么大的责任把自己束缚住，如果以后后悔了，想再成家生个孩子，就麻烦了。还有人劝古心洋说，孩子的亲生父母有真感情，现在他们历经挫折最后决定重新走到一起，而且孩子的生父李凡生意做得很大，很有钱，又有美国绿卡，能给孩子更好的教育和成长环境，孩子应该还给亲生父亲。

为了尽快和古心洋离婚，和李凡结婚，也为了尽快得到孩子的抚养权，刘娴向法院起诉要求离婚，她愿意放弃所有财产权利，但坚持主张孩子的抚养权。

在法庭上，刘娴的律师指出，原告，即孩子的亲生母亲确认孩子的亲生父亲不是被告古心洋，孩子和被告之间没有血缘关系，孩子子键应该由原告抚养，原告不要求被告承担任何抚养义务，对过去12年被告已经尽的抚养义务，原告愿意进行赔偿。

而古心洋也坚持要孩子的抚养权。他坚持认为：孩子系在原被告双方婚姻关系期间所生，当然是被告的亲生子女，原告所谓“孩子不是被告亲生”

的指认，纯属子虚乌有，且严重伤害了被告的感情。

这样的离婚诉讼，主审法官还是第一次遇到。女方说孩子不是男方的，男方却坚持认为孩子是自己的。法官要求古心洋和孩子做亲子鉴定，古心洋考虑再三，拒绝做亲子鉴定。在这样的情况下，法官只能按照孩子为原被告的婚生子女来判断。根据最高人民法院的相关司法解释，父母双方对10周岁以上的未成年子女随父或随母生活发生争执的，应该考虑子女本人的意见。[①]根据这条规定，法官想听听孩子子键的意见。子键的意见是坚决要求和爸爸一起生活。

法官正准备据此判决子键归被告古心洋抚养时，不料，李凡现身法庭，原告指认李凡才是孩子子键的亲生父亲，要求李凡和孩子子键进行亲子鉴定。经李凡本人同意，法官准许原告提交李凡和子键的亲子鉴定结论。亲子鉴定的结论是：李凡确为子键的亲生父亲。

这个鉴定结论，对古心洋无疑是当头一棒，这是对方使出的杀手锏。法官完全可以据此判决子键归女方抚养。

但是，古心洋还是不言放弃，他的律师提出了如下意见：就算子键不是古心洋亲生，但古心洋和子键之间存在了12年的抚养关系，他们之间的关系近似于法律上所认为的继父母与继子女之间的关系。如果继子女与继父母之间共同生活形成了抚养关系，就形成拟制血亲的继父母子女关系，其产生的法律后果与血亲关系的父母子女间的权利义务关系相同。也就是说，即使承认子键是刘娴和李凡生的孩子，由于古心洋和刘娴结婚，古心洋和子键之间共同生活12年，形成了抚养关系，根据我国法律，这种拟制血亲关系和血亲关系的权利义务是一样的。现在，古心洋要求孩子的抚养权，孩子又强烈要求和古心洋一起生活，所以，古心洋应该获得孩子的抚养权。

刘娴的律师似乎发现了对方发言的漏洞，他提醒说，古心洋和孩子是什么关系？是否为继父母子女关系呢？继父母子女关系是由专门的法律来规定的，继父母子女关系是指由于生父母一方死亡，另一方带子女再婚或生父母离婚后另行再婚形成的权利义务关系。本案中根本不存在再婚和父母一方死亡的情况，所以，古心洋和孩子根本不是继父母子女关系。退一步说，根据司法解释，即便孩子有选择与父亲还是母亲一起生活的权利，但本案的问题是，古心洋不是孩子的父亲，让孩子选择的前提就发生了错误。现在，孩子的母亲希望和孩子在一起，不管母亲犯了什么样的错误，她都是有权利和孩子在一起的。这一点是不以他人的意志为转移的。

法庭上的辩论针锋相对，难分胜负。那么，古心洋的要求能否实现，子键的命运又将如何呢？

法官在综合听取原被告双方的意见后认为：对照法律，确实很难认定古心洋和子键究竟是怎样一种父母子女之间的关系。但对待新出现的问题，人民法院的原则是，私法自治。[2]私法自治是指民法上，私人可以按照自己的意愿安排自己的生活。抚养孩子是民事行为，属于私法领域，适用私法自治原则。被告古心洋没有抚养子键的法定义务，却自愿要求抚养子键，子键选择由古心洋抚养也是自愿的，所以，双方之间已经构成了合意。对于这样的合意，没有违反法律禁止性规定，法律应该支持和保护。尽管这样做违背了刘娴和李凡的意愿，但是在子女抚养权问题上，司法解释规定，应该听取12岁以上未成年子女的意见。也就是说，相对成年人，未成年人是弱势群体，在他们能表达意愿的年龄下，希望和谁一起生活的选择权，应该优先由他们决定。

基于以上的法律条款和精神，法官向原告刘娴反复晓之以理，最终刘娴接受法庭调解，同意孩子归古心洋抚养。

洁蕙点评：

年少的子键，现在还无法搞明白，为什么爸爸和妈妈结婚，生下了自己，而自己还不是爸爸的孩子？不知刘娴和李凡会如何回答子键这个问题。古心洋唯一的愿望是，父母的婚姻情感纠葛，不要影响孩子的成长。我们衷心祝愿，子键在古心洋的悉心照顾下，快乐健康地成长。

本案涉及10周岁以上未成年子女的抚养权问题。根据《最高人民法院关于人民法院审理离婚案件处理子女抚养问题的若干具体意见》的规定，父母双方对10周岁以上的未成年子女随父或随母生活发生争执的，应考虑该子女的意见；在抚养关系确定之后，一方要求变更子女抚养关系的，10周岁以上未成年子女，愿随另一方生活，该方又有抚养能力的，应予准许。这一规定体现了一个原则：在抚养问题上，有限制民事行为能力的未成年人的选择权优先于抚养人的选择权。现代法治之所以确立抚养问题上未成年人的选择权优先于抚养人的选择权，是因为未成年人是祖国的未来，相对成年人而言是弱势群体，所以要给予特别待遇。

本案中的子键已年满12岁，由古心洋抚养还是由刘娴抚养，应首先征求他的意见，满足他的要求。至于有无血缘关系，那是次要问题。法律之所以在婚姻家庭问题上看重血缘关系，是就一般情况而言的，因为有血缘关系的人比较有感情，容易守望相助。但本案的子键却对母亲并不那么亲，对虽无血缘关系但却一起生活了十几年的古心洋产生了浓于血缘的感情。所以在特定情况下，法律的形式正义要服从于实质正义。本案人民法院的调解正是体现了上述法理精神。

当然，如果案件情况稍有不同，人民法院的判决或调解结果可能完全不同。比如，如果子键不是男孩而是女孩，那么，即便古心洋愿意抚养子键，子键也愿意和古心洋一起生活，法院也不会满足他们的愿望。因为他们之间没有血缘关系，由正值壮年的古心洋抚养未成年又无血缘关系的女性未成年人，有违公共秩序和善良风俗（即公序良俗原则），所以，法律的判决或调解就会完全不同了。

法点链接：

①《最高人民法院关于人民法院审理离婚案件处理子女抚养问题的若干具体意见》第5条："父母双方对十周岁以上的未成年子女随父或随母生活发生争执的，应考虑该子女的意见。"

②私法自治，指个人自主的意思，自我负责地形成其私法上的权利义

务。此为民法最重要的基本原则，旨在保障实践个人的自主决定及人格尊严。私法自治原则体现在各种制度之上：所有权自由，即所有人于法令限制之范围内，得自由使用收益处分其所有物，并排除他人之干涉。遗嘱自由，即个人于其生前，得以遗嘱处分财产，决定死后其财产的归属。契约自由，此在法律交易上最为重要。契约自由，指当事人得依其意思之合致，缔结契约而取得权利，负担义务。

儿子爱上“妈”

关键词 引诱、教唆、欺骗他人吸食罪　容留他人吸食、注射毒品罪　强制戒毒

这天，公安局突然走进一个50多岁面带愁容的女人，她一张嘴就情不自禁泪流满面。她向接待她的民警哭诉，自己26岁的儿子和一个女人私奔了，不知去向，希望警察能帮她找到儿子。

这名女子是浙江人，名叫沈菊花。她的家庭原本很幸福，家境富裕，和丈夫田国涛育有独子，名为田兵。田兵今年26岁，是一名年轻的服装设计师，之前有一个稳定交往的女友海伦。海伦是一名22岁的漂亮的时装模特，两人到了谈婚论嫁的阶段。沈菊花夫妇还为儿子置办了婚房，期许儿子和女友赶紧结婚，好圆自己的孙子梦，享受含饴弄孙的天伦之乐。

不想，美梦竟在几个月前破碎。近几个月，儿子都住在沈菊花替他买的婚房里不回来，沈菊花料想儿子的婚期将近了。那天，她接到准儿媳海伦的电话，不想她一接电话，对方就在电话里哭哭啼啼了起来，且一边哭一边说："妈，我和田兵都快结婚了，没想到，他却一连一个月都不见我。我去找他，他就躲着我，现在突然和我提分手了。"沈菊花忙问："田兵不是已经和你住在新房里了吗？他为啥要和你分手呢？"海伦说："我们根本没有住在一起。他这几个月一直躲着我，我肯定他已经有了别的女人了。"说完，又抽泣起来。海伦，那么年轻漂亮，多少男孩子追着她呀，儿子竟然不要她了，还有了别的女人？这个儿子，真是一个花心萝卜啊！作为母

亲，沈菊花的心里总是向着自己的儿子。她表面上关心安慰着海伦，心里却在想，儿子还真有能耐啊，那么多漂亮女孩围着他转呢。沈菊花心里一边这么想着，一边安慰海伦："我说海伦啊，你也别太伤心，婚姻是两个人的事情，也强求不得，我回头问问田兵到底是怎么回事，兴许是他工作忙呢？再说了，你那么年轻漂亮，即使和我们田兵分了，你又何愁找不到更好的呀？"本来想求得田兵父母支持的海伦，在沈菊花那里碰了一鼻子灰，很是丧气，就挂了电话。挂了海伦的电话，沈菊花赶紧再给儿子田兵打电话，问他和海伦之间究竟发生了什么，为什么都要结婚了却突然要分手？田兵说："妈，你就别管那么多了，这是我自己的事情。"在沈菊花的一再追问下，田兵承认和海伦分手的原因是自己爱上了别的女人。沈菊花忙问："你说爱上了别的女人，这个女孩是谁？家庭情况怎么样？"可田兵死也不肯回答这些母亲最为关心的问题。他只是确定地告诉母亲，他非常爱现在的女朋友，并且已经和她同居了，他要和她结婚。沈菊花期待着儿子能早日让她见见这位具有如此大魅力的女孩。儿子说一定会让她见的，只是见了别大惊小怪。

挂了电话，沈菊花当天晚上把这件事告诉了丈夫。田国涛责备沈菊花，不该向着儿子，在还不知道田兵的新女朋友到底怎么回事的情况下，就在海伦面前把话都说绝了。田国涛觉得，这件事还不能全由着儿子乱来，作为父母要提前介入，一定要知道儿子现在女朋友的情况才放心。

第二天晚上，夫妻俩连忙赶到儿子的新房，他们估计儿子和新女朋友很可能就在儿子原本要和海伦结婚的新房里同居，于是，打算去看一看。他们摁了门铃，开门的是一个 50 岁左右穿着睡衣的女人。那女人问："你们找谁？"沈菊花一看这个女人，第一反应是他们敲错门了，连忙说："对不起，这是 501 吗？"一边问一边抬头看门牌号。没错，是 501，对方也确认说这是 501，可这个女人是谁呢？"请问你是谁？"沈菊花问道。"是你们敲门的，该我问你们是谁才对啊。""我们是田兵的父母，来找田兵。""噢，你们是伯父伯母啊，我……我是田兵的朋友。"朋友？朋友穿着睡衣，在田兵的家里？

沈菊花这样想着，问："田兵呢？"

"田兵，他……他……他在里面。"沈菊花开始着意打量眼前的这个女子，虽然穿着睡衣，但却妆容精致，当然，这绝对掩盖不了她历经岁月的沧桑。而且，和自己相比，看上去更显得憔悴和病态。听这个女人说田兵在屋里，沈菊花与丈夫田国涛相视一眼，两人推开女人撑在门上的胳膊，冲进门去。屋里散发着一股药味，沙发上散乱地放着几件女人和男人的衣服。屋子里一看便知是一男一女生活的痕迹，这一切强烈冲击了老两口的心。不会是这个老女人和田兵同居吧？此时，田兵同样穿着睡衣从里屋走了出来，看到自己的父母突然造访，没有表现出吃惊和慌张，只是淡淡地说了一句："你们来了，坐吧。"而此时，开门的那个老女人一脸献媚地给他们倒起了茶。这到底是怎么回事？沈菊花一屁股坐在沙发上开始质问田兵："她是谁？你们怎么住在一起？"

田兵一把把正在端茶的老女人拉到自己的身边，对满脸狐疑的父母说："事已至此，我也不瞒你们了，她叫翠翠，是我的女朋友。""什么？你和海伦分手，为的就是和这个女人在一起？"沈菊花差点要昏过去了。

原来，这个女人叫王翠翠，今年50岁，是田兵的一个客户，王翠翠的很多衣服都是田兵设计的。两人认识已经有两年了，最近几个月，两人突然开始走得很近。经过一番激烈的思想斗争后，田兵最终还是选择和海伦分手，和王翠翠在一起。儿子田兵对父母坦言："无论你们同不同意，我都要和她在一起，我爱她，我一定要和她结婚。"

那么，田兵放着年轻漂亮的海伦不要，偏要这个和自己母亲一般年龄的女人，他到底爱王翠翠什么呢？

第二天，老两口找田兵单独谈话。田兵说，爱情是没有年龄界限的，爱了就是爱了，那查尔斯王子不也放着年轻美貌的戴安娜王妃不要，而非得和卡米拉结婚不可吗？爱情这种事情是外人无法评价的，鞋子合不合脚只有脚知道。沈菊花说："你还年轻，你对人家是真心的，但你能肯定人家对你是真心的吗？这个女人肯定是贪图我们家的钱，有意勾引你的。你可千万不要上当，把前途毁在她手里啊！”

“不可能，她才不在乎钱呢，要不然她也不会为了我将自己的房子卖掉了。”“什么？”当沈菊花夫妇追问的时候，田兵却闪烁其词，避而不答。

一次次的争吵中，儿子的不妥协、不退让，实在让田国涛气愤不已，他一气之下说：“是要这个家，还是要那个女人，你自己选。如果你们不分手的话，我们就当没有你这个儿子了。”本以为，打小就十分乖巧、孝顺的儿子一定会向亲情妥协，没想到田兵绝情地说：“如果你们不让我和她在一起的话，那我们也就没有什么好谈的，离开家就离开家。”说着，摔门而出。

几天后，待沈菊花夫妇心情平复，准备找儿子再谈谈的时候，却发现田兵的电话已经停机。沈菊花打电话到儿子公司，结果被告知儿子已经辞职了。什么，儿子为了一个老女人竟然连工作都不要了？这一连串的情况吓得沈菊花赶紧和丈夫到儿子住处找他。无论是敲门、摁门铃，依旧是大门紧闭。听到不间断的敲门声，田兵的邻居就出来问怎么回事，沈菊花赶忙问：“您知道这501的人去哪里了么？”邻居说几天前看到两人带着行李走了。沈菊花一下子瘫倒在地上。想到自己含辛茹苦养大的儿子，现在却为了一个老女人离家出走，弃老两口而去，沈菊花不甘。自己怎么能便宜王翠翠那个女人，想到这里，沈菊花决定无论如何也要找回儿子，所以她就找到公安局求助，这也就是故事开头的一幕。

警方在接到沈菊花的报警之后，首先找到王翠翠的家人了解情况，这一打听发现原来王翠翠也是一个可怜的女人。她本来有一个幸福的家庭，但是三年前她被诊断出患有子宫癌，就住进医院接受治疗，被迫切除子宫。然而在这个无比需要丈夫支持的时候，丈夫却留下一纸离婚协议，带着儿子离开了家。

什么？王翠翠还得了子宫癌？沈菊花更不能理解儿子为什么会看上王翠翠了。

王翠翠的哥哥说，最近，王翠翠因为病情恶化，在医院接受治疗，而田兵正在医院悉心照料她。他透露了王翠翠就诊的医院，田兵父母在医院终于找到了王翠翠，同时也看到了“失踪”很久的儿子。老两口赶到医院的时候，只见田兵正跑上跑下帮王翠翠端水打饭呢。沈菊花想，自己把儿子养那么大，儿子还从来没有对她这个妈那么好啊。想到这儿，沈菊花心里真不是滋味。她冲上去一把抓住田兵的胳膊，说："儿子，跟妈回去。"田兵一边挣脱，一边说："谁让你们来的？你们快回去。现在，她住院，需要人照顾。"说完，拿起饭盒给王翠翠打饭去了。

沈菊花和田国涛无论如何也想不通，为什么前途一片光明的儿子一定要与一个和自己母亲年纪相仿的女人在一起。这个女人离过婚，更何况还患有绝症？他们实在想不通究竟王翠翠对儿子施了什么迷魂术。

第二天，田兵的父母再次来到医院找田兵，田兵不在，病房里只有王翠翠。沈菊花看到王翠翠，竟然一下跪倒在地上，一把鼻涕一把眼泪，苦苦哀求王翠翠放过自己的儿子。她说："你就可怜可怜我们两个做父母的，放了我的儿子田兵吧。我们都是做母亲的人，都知道拉扯孩子多不容易。你儿子和我们家田兵应该差不多大吧，你也要理解我们的心情。我求求你，放了田兵吧。"然后，继续大哭。面对沈菊花的哀求和眼泪，病床上的王翠翠也跟着伤心地哭了起来。她一边哭一边点头，说："你们放心，我会让田兵回去的。我不会做让你们为难的事情。"就这样，沈菊花夫妇终于通过说服王翠翠，费了九牛二虎之力将田兵又带回了家。本以为儿子可以和王翠翠彻底断了，回到之前的生活轨道，但一切并不如沈菊花希望的那样简单。

田兵回到家中，与父母生活在一起。不久，沈菊花发现田兵每天猫在自己的房间里不愿出门，也不怎么吃饭，身体日渐消瘦，经常无缘无故和父母发脾气。沈菊花夫妇本来以为这是儿子因为他们的阻拦而产生的冷暴力，因此沈菊花变着花样给儿子做饭，忍受他的坏脾气。他们希望用温情、爱心"感化"儿子，期盼儿子早日"重回正轨"。可突然有一天，田兵竟然表现出恶心、全身痉挛的样子。沈菊花和田国涛要把田兵送到医院，田兵说什么也不肯去，一边扭动着自己僵硬的身躯，一边用嘶哑的嗓音说："我吸毒，我现在没有货了，我难受。"沈菊花夫妇惊呆了。沈菊花怎么都不会想到，自己的儿子会吸毒。一直以来，田兵都是大家眼中的乖乖仔，是一直按照父母的规划而顺风顺水长大的孩子，怎么可能犯上了毒瘾？可是看到儿子痛苦的样子和身上针孔注射留下的片片针眼，就可以肯定儿子已经染上了毒瘾，肯定是有人骗他吸上毒的。“你说，究竟是谁带你吸的毒啊?”无论怎么逼问，田兵就是不置一词。为了找出让儿子沾染毒品的真凶，沈菊花夫妇决定放虎归山，他们故意让田兵从家里逃走，然后跟在田兵的后面，发现田兵径直去了王翠翠那里。这时，王翠翠已经出院在外面租房子住，沈菊花夫妇在门外拼命敲门，田兵终于出来开了门。沈菊花一进门，首先看到了散乱在地板上的针筒和残留的毒品。沈菊花夫妇冲上前去一把抓住病病歪歪的王翠翠，问：“是不是你骗我儿子吸毒的？怪不得我儿子离不开你这个老女人，是你毁了我们的儿子，我们要到公安局去报案，要将你这个恶魔一样的女人绳之以法。”一边说，一边要把王翠翠往门外拖。而田兵紧紧守着门口不让父母出去，情势十分紧张。田国涛看门口被堵住了，就拿出手机准备报警，这时，只听王翠翠大声喊道：“你们尽管去报警，只要你们不怕你们的儿子一起去吃官司，你们尽管去!”听到王翠翠这样一说，老两口犹豫了，紧紧抓着王翠翠的手也松开了。王翠翠走到写字台旁，从抽屉里拿出了一张纸，对沈菊花说：“另外，只要你们不怕人财两失，你们就去报警!”沈菊花夫妇定睛一看，这竟然是一张写着儿子名字的借条，借条上写明田兵向王翠翠借款50万元，而田兵将自己的房子作为抵押。“现在你儿子还欠我钱，田兵的房子都抵押在我手里，如果你们报警，你们将人财两空。如果不报警，我也不会真的要田兵还钱。我是一个要死的人，请你们能高抬贵手。”沈菊花夫妇绝望地看着田兵，问田兵这张借条怎么回事，他怎么还会欠王翠翠钱呢？他们的房子真的抵押给王翠翠了？田兵只说事情是真的，但究竟是怎么回事，却死也不肯说了。

田兵乘势打开房门走了出去，沈菊花夫妇连忙跟着田兵一路回了家。回家后，沈菊花流了一夜的眼泪，夫妻俩辗转反侧一夜未眠，为儿子焦急揪心自不必说。

沈菊花夫妇为了儿子能恢复健康，尝试让儿子在家中自己戒毒。有一次，田兵毒瘾发作实在难受，不停呕吐，在家中用头撞墙自残。沈菊花看在眼里疼在心里，看到儿子实在难受，竟然主动给王翠翠打电话，去问王翠翠要毒品。就这样，沈菊花夫妇一次又一次地将儿子送到王翠翠那里，又一次次把他带回家，身心俱疲。而且看到儿子一天天形如枯槁，心都碎了。两人在这种悲伤的气氛中迅速苍老。

走投无路下，他们终于决定再次向公安局报警。首次报警是因田兵和王翠翠私奔，这次报警是举报儿子和王翠翠吸毒。

警察经过调查了解到，原来，几年前王翠翠因无法忍受癌症化疗的痛苦，又加上丈夫的离去，在朋友引诱下开始吸毒。一年前，王翠翠想不要亏待自己，即便要死了，也应该把自己打扮得漂漂亮亮的，要给自己做几件合身时尚的衣服，就经人介绍认识了田兵。田兵长得高大帅气，性格又阳光单纯，这一切都强烈吸引着对生命充满渴望的王翠翠。王翠翠就经常借机接近田兵，请田兵喝茶、唱歌，两人在一起交往的时光充满了幸福和快乐。但是，被男人抛弃过的王翠翠很害怕田兵会有一天不理她了，她决定用毒品拴住田兵，于是在田兵不知不觉中，一点点诱使田兵染上毒品。田兵一开始出于好奇，只是尝试吸食毒品，可后来就离不开毒品，也离不开王翠翠了。那时，田兵是有女朋友的，她就是海伦。但是，海伦经常和他吵架，很任性，而王翠翠却温柔体贴。就这样，成熟女人的善解人意和毒品的双重作用，田兵情感的天平慢慢向王翠翠倾斜，慢慢地陷入到与王翠翠的感情泥潭中。在情感上，他爱她，因为她的温柔体贴、善解人意；在理智上，他恨她，因为她将他带进了罪恶的深渊，终日靠毒品度日，浑浑噩噩。在这样矛盾交织的爱情中，田兵的爱和恨，都让他觉得自己离不开王翠翠，觉得王翠翠已经在自己的生活中占据了最重要的地位。纵使父母反对，他也义无反顾地选择和王翠翠在一起。也正是因为父母的坚决反对，他在王翠翠的鼓励下踏上了私奔的路，在错误的路上愈行愈远。

为了购买毒品，王翠翠还贩毒，后来，为了给田兵购买毒品，王翠翠还卖掉了自己的房子。年轻的田兵竟然一时感动，给王翠翠写了50万元的借条并用自己父母给他买的房子作抵押。田兵还和王翠翠一起居住在自己父母给他买的这套房子里。这就是为什么沈菊花第一次要去报警时，王翠翠拿出那张借条和抵押凭证作为威胁。

在调查取证之后，公安机关认为，王翠翠引诱田兵吸毒的行为涉嫌构成引诱教唆他人吸毒罪[①]，而田兵将王翠翠容留在自己的住处吸毒的行为涉嫌构成容留他人吸毒罪[②]。最后，法院最终判决王翠翠引诱教唆他人吸毒罪的罪名成立，判处有期徒刑一年，考虑到王身患重病，受害人田兵本身也有过错，故缓期一年执行；田兵容留王翠翠吸毒的行为情节比较轻微，尚未构成犯罪，根据禁毒法处以行政拘留 10 天的处罚。[③]而对田兵本身吸毒的行为，因为吸毒行为在我国法律中不是犯罪，属于治安管理处罚法处罚范围，故给予田兵行政拘留 15 天的处罚。[④]同时，在田兵父母和田兵本人的要求下，对田兵进行强制戒毒。[⑤]

判决生效后，田兵一直留在戒毒所里强制戒毒。通过一段时间的戒毒，田兵终于意识到自己犯下的错误，决定与王翠翠分手。王翠翠一封封信写来，表达思念之苦，田兵没有回信。这使王翠翠备感失落，加上此前沈菊花夫妇报警，使王翠翠恼羞成怒，认为他们都背信弃义，违背诺言。于是，“既然你们不仁，就休怪我不义”。王翠翠拿出欠条，向法院起诉，要求田兵还钱。她说：“现在田兵不要我了，房子也没了，什么都没有了。我活着还有什么意义？我当然得要田兵还钱。”

那么，田兵要不要还 50 万元钱呢？法院根据二人吸毒的历史情况，以及从公安机关调取当初处理他们吸毒、容留吸毒和教唆诱骗他人吸毒的档案记录，认为可以认定明知借款用于购买毒品而出借。那么，明知他人借款是用于非法活动，这样的借款行为受法律保护吗？答案很明确，不受法律保护。《最高人民法院关于人民法院审理借贷案件的若干意见》第 11 条规定：“出借人明知借款人是为了进行非法活动而借款的，其借贷关系不予保护。”也就是说，王翠翠的这张借条的目的还是在于两人能够吸毒，也就是进行非法活动，因此，借条是无效的。

田兵和沈菊花夫妇终于如释重负，田兵也在戒毒所里努力戒毒，希望早日回归社会。

洁蕙点评：

这段因为吸毒而引发的畸形恋情终于落幕了。如果王翠翠为了减缓病痛而吸毒，对于这点我们还能给予理解和同情的话，那么，她为了满足自己精神上的私欲，把年轻无辜的田兵拉下水，也使他染上毒瘾，这样的行为就令人发指了。

据统计，我国在册吸毒人员已经达到93.7万人，而实际吸毒人数要远远高于这个数字。我国将涉及禁毒的违法犯罪行为分为两类，一类是犯罪行为，如走私、贩卖、运输、制造毒品，或非法持有毒品，或非法种植毒品原植物，构成犯罪的，依法追究刑事责任。还有一类是不构成犯罪的行为，最典型的就是吸毒，应给予治安管理处罚。尽管世界上许多国家都把吸毒规定为犯罪，但我国把吸毒作为一般的行政违法行为，根据治安管理处罚法第72条的规定，对吸毒的处罚是10日以上15日以下拘留，可以并处2000元以下罚款；情节较轻的，处5日以下拘留或者500元以下罚款。我国法律认为，吸毒是一种自损行为，对他人和社会危害性不大，所以不定性为犯罪。但也有人认为，吸毒、贩毒、制毒构成了一个诸多链条的整体，将吸毒定为犯罪有利于缩小毒品需求市场，从根源上切断毒品的供应链；严厉惩罚吸毒者，对于没有尝试过毒品的人也会起到震慑作用，可减少毒品需求。对此的争论一直存在。

从本案可见，对于像田兵这样被诱骗吸毒的，采取强制戒毒等以治疗、教育为目的的手段来帮助他获得新生，一定比以惩罚为前提的刑罚制裁效果更好。

法点链接：

①《中华人民共和国刑法》第353条：“引诱、教唆、欺骗他人吸食、注射毒品的，处三年以下有期徒刑、拘役或者管制，并处罚金；情节严重的，

处三年以上七年以下有期徒刑，并处罚金。

“强迫他人吸食、注射毒品的，处三年以上十年以下有期徒刑，并处罚金。

“引诱、教唆、欺骗或者强迫未成年人吸食、注射毒品的，从重处罚。”

②《中华人民共和国刑法》第354条：“容留他人吸食、注射毒品的，处三年以下有期徒刑、拘役或者管制，并处罚金。”

③《中华人民共和国禁毒法》第61条：“容留他人吸食、注射毒品或者介绍买卖毒品，构成犯罪的，依法追究刑事责任；尚不构成犯罪的，由公安机关处十日以上十五日以下拘留，可以并处三千元以下罚款；情节较轻的，处五日以下拘留或者五百元以下罚款。”

④《中华人民共和国治安管理处罚法》第72条：“有下列行为之一的，处十日以上十五日以下拘留，可以并处二千元以下罚款；情节较轻的，处五日以下拘留或者五百元以下罚款：

（一）非法持有鸦片不满二百克、海洛因或者甲基苯丙胺不满十克或者其他少量毒品的；

（二）向他人提供毒品的；

（三）吸食、注射毒品的；

（四）胁迫、欺骗医务人员开具麻醉药品、精神药品的。”

⑤《中华人民共和国禁毒法》第38条：“吸毒成瘾人员有下列情形之一的，由县级以上人民政府公安机关作出强制隔离戒毒的决定：

（一）拒绝接受社区戒毒的；

（二）在社区戒毒期间吸食、注射毒品的；

（三）严重违反社区戒毒协议的；

（四）经社区戒毒、强制隔离戒毒后再次吸食、注射毒品的。

“对于吸毒成瘾严重，通过社区戒毒难以戒除毒瘾的人员，公安机关可以直接作出强制隔离戒毒的决定。

“吸毒成瘾人员自愿接受强制隔离戒毒的，经公安机关同意，可以进入强制隔离戒毒场所戒毒。”

父亲死于伟哥

关键词 生产销售有毒有害食品罪 生产销售伪劣产品罪 多份遗嘱的有效性

这一天，警方和120同时接到一个自称是保姆的中年妇女的电话，说她的主人——王老汉企图强奸她，在施暴过程中突然昏厥，请赶快过来施救。

警方和120及时赶到现场，王老伯家的客厅收拾得非常干净，但走进卧室，床上非常凌乱，王老伯衣衫不整地瘫倒在床上，已经不省人事。保姆头发蓬乱，神情恍惚地站在那里，显然还惊魂未定，对警察问她的问题很多答非所问。120赶到现场，全力施救，但已回天无力，王老伯已经气绝身亡。王老伯今年75岁，是一名退休的工程师。老伴几年前过世了，他们有三个女儿，都已成家。老伴去世后王老伯最开始一个人住，但他不能很好地照顾自己的生活，三个女儿又都忙于自己的生活和工作，很少来看望更别说照顾了。后来，女儿给王老伯雇了一个保姆来照顾他，就是报警的李阿姨。李阿姨，今年45岁，外地人，中等身材，皮肤白皙，看上去干干净净的。丈夫几年前去世了，儿女也都长大成人，几年前，她经人介绍来到本市当保姆，到王老伯家也有两年了。

王老伯的三个女儿也陆续赶到了。她们说自己父亲身体一向很好，对父亲的死因有怀疑，逼问李阿姨父亲到底怎么死的。据李阿姨说，她平时的主要工作就是替王老伯打扫房间，准备好一日三餐，早晚饭后陪老人出去散步。事发当天，她和往常一样给老人做好了早饭，等王老伯吃早饭。平时这个时候，王老伯都是先起床在院子里锻炼身体，然后就进屋吃早饭。今天，李阿姨摆好碗筷，叫王老伯进屋吃饭，然后就径直进入王老伯的卧室，准备打扫卧室、收拾床铺。不料，正在收拾床铺的时候，一双苍老而冲动的手从后面一把抱住了李阿姨，把李阿姨吓了一跳，她回头一看，正是王老伯。只见王老伯满脸通红，身体紧紧贴住李阿姨，双手颤抖而激动地要去脱李阿姨的衣服。李阿姨连忙用力推开他，说："你这是干什么呀？"但是，不知王老伯哪来那么大的力气，一把就把李阿姨推倒在床上，嘴里一边说："自从孩子他妈走后，我一直没有这种念想，可是不知道为什么，今天实在控制不住自己。我受不了了，你就成全了我吧，我会给你加工资的。"王老伯一边说一边脱衣服，吓得李阿姨在床上直发抖，不知怎么办才好。可就在两人争执的过程中，王老伯突然"啊"了一声，呼吸急促，一下子瘫倒在床上。李阿姨连忙起身，凑近王老伯。王老伯痛苦地捂着自己的胸口直喘气，一会儿就昏厥了过去。李阿姨赶紧拨打120，转念一想，到时子女问老人怎么会发病，自己说不清楚了，于是又赶紧拨打110 ，称老人要强奸自己。以上，就是李阿姨对事发经过的陈述。

对于李阿姨的陈述，王老伯的三个女儿根本不信。怎么可能？女儿一边哭一边说："我们的父亲都已经75岁了，还会强奸你？分明是你在撒谎。"三个女儿说，父亲退休工资比较高，雇保姆的钱也都是父亲自己出的，老人还有不少的积蓄，肯定是保姆看上了父亲的财产，想勾引父亲，达到骗取老人财物的目的。没想到在这次勾引父亲的时候，老人不堪重负，力不从心，就发生了悲剧。是保姆企图谋财才害了自己父亲的性命啊！

听到三个女儿这样说，李阿姨委屈地号啕大哭，一下跪在警察面前，说自己被王老伯的女儿冤枉了，自己根本没有动过要王老伯财产的念头，也根本没有勾引过王老伯。李阿姨还说，她刚到王老伯家做保姆时，三个女儿很少来看王老伯，为此，王老伯经常一个人坐着呆呆发愣。王曾和李阿姨说感到非常失落，觉得把三个女儿养那么大真的是没什么意思，到老了还是很孤独。可就在最近几个月，三个女儿突然开始频繁地来看望老人。李阿姨曾问王老伯，为什么女儿们现在来得那么勤快了？王老伯说："她们来看的不是我，是我的钱。"这三个女儿的行为本来就挺奇怪的，现在老人死了，她们不想想自己的责任，还把所有脏水泼在保姆身上，李阿姨觉得很委屈。那么，王老伯究竟是怎么死的呢？李阿姨有没有说实话呢？三个女儿和老人之间又有什么秘密呢？

医生出具的死亡报告显示，王老伯死于心肌梗死。王老伯有冠心病史，据医生介绍，凡是各种能增加心肌耗氧量或诱发冠状动脉痉挛的体力或精神因素，都可能使冠心病患者发生急性心肌梗死。但是知道了王老伯死因，也无法证明究竟是王老伯强奸保姆还是保姆勾引王老伯，因为这两种情况都可能导致老人由于过分激动而心肌梗死。所以，这个问题已经死无对证了。但是，据警方向王老伯的女儿、保姆和周围邻居了解，王老伯平时为人谦和，深居简出，生活平淡，从来没有发生过男女纠缠不清的事情。王老伯因"强奸"而死，这件事很蹊跷。警方决定不放弃对王老伯死因的调查。那么，王老伯究竟怎么会突然死去呢？会不会是李阿姨为了掩盖什么故意说谎，诬陷王老伯？

李阿姨因为三个女儿对她的质疑感到非常气愤，她觉得自己真是弄得里外不是人了。警方询问她，她也没什么可以证明自己说的是事实。李阿姨情急之下说，其实在这件事发生之前，王老伯已经多次骚扰过她，多次提出做爱的要求，都被她拒绝了。王老伯还经常服用一种保健品来强身健体，就是为了和她发生关系，这算不算是证据呢？李阿姨的这些话引起了警方的注意。事发当时，王老伯正在吃这种保健品。警方随即在王老伯的床头柜里找到了好几盒这样的保健品。保健品外盒上写着对老年人身体保健的各种功效，几乎可治百病，看了很让人心动。上面还赫然印着美国进口配方，纯植物精华提取和某某保健品生产厂家生产的字样。警方将这些保健品带回鉴定，鉴定结果把所有人都惊呆了。原来，这些所谓的保健品的主要成分是万艾可，即伟哥。伟哥，是一种治疗男性性功能障碍，激起男性性欲的药物。它的副作用之一就是可引起血压降低。而王老伯患有冠心病，平时在服用含硝酸酯类的药物，而这些药物会降低血压，所以，伟哥如果与这些硝酸酯类药物混用时血压就会大大降低，容易引起心肌梗死等病症而危及生命。

警方重新对王老伯的尸检报告进行了分析，确实发现了王老伯血液中有近似于伟哥的药物成分。难道李阿姨说的是真的？那么，王老伯服用的伟哥是从哪里来的呢？

李阿姨向警方提到，几个月前，有一个中年妇女上门向王老伯推销一种保健品。这名推销员说这种保健品可以疏通经络，能治疗心血管病、高血压等老年人常见的各种毛病。当时，李阿姨一听这个推销员报出的价格，吓了一跳，一盒要将近1000元，忙说太贵了。推销员说，单买一盒当然很贵，但是如果一起买五盒，就只要3000元，相当于一盒只要600元。推销员又指着保健品包装盒上的说明说："这种保健品是美国进口的配方，都是利用天然植物中提取的精华精制而成，专门针对老年人的常见疾病进行治疗，而且没有副作用，更大的好处是能让您恢复青春。"因为上门推销的那名中年妇女巧舌如簧，说得王老伯很是心动于是当场就买了五盒。过了几个星期，这个推销员又来了，她是估计王老伯那几盒保健品吃得差不多了，她说现在厂家搞促销活动，现在买非常值，劝王老伯这次多买几盒。王老伯就又买了五盒。

据警方分析，王老伯本来就患有冠心病，又误认为这些补品是治疗冠心病的，就大量地服用，然后，就出现了一系列非正常的反应，最后导致心肌梗死。警方根据包装盒上印制的厂家名称查找，发现这个厂家是外地的，但去当地工商部门查找，该厂家根本就没有经过合法的工商登记，地址也根本不存在。王老伯完全是上当受骗了，白白花了钱不说，还丢了性命。这些保健品包装上的商标和食品专用的"卫食健字"批准文号也是假冒的。线索断了，能否还能找到那个给王老伯卖假药的人呢？

警方根据李阿姨和邻居提供的线索，在老年人经常聚集的区域，如老年人活动中心、医院门口等地进行蹲点守候伏击，终于找到了李阿姨所说的卖保健品给王老伯的那个推销员。再从这个推销员身上寻找突破口，顺藤摸瓜，终于抓获了一个保健品的非法生产销售窝点。这个窝点制造的保健品没有国家的批文，他们制造的保健品中主要成分是各种低廉的中草药和伟哥，成本只有几块钱。可当他们利用老年人容易轻信他人和对自己身体保健的强烈渴望的心理，将这些东西摇身一变成保健品后便身价大涨，向老年人大肆推销。警方当场抓获犯罪嫌疑人20名，缴获各种假冒保健食品丸剂、胶囊500多万粒，以及商标、药盒、防伪标识等包装材料20余万件，制假设备24台。涉案金额高达数千万元。

显然，这个团伙的行为肯定是构成了犯罪，但是，构成了什么犯罪呢？我们俗称的保健品，确切的说法应该是保健食品。保健食品，顾名思义，它是食品的一种，而不是药品，适于特定人群食用，但不能治疗疾病。这个团伙在保健食品中添加了伟哥——一种处方药，需要在医生指导下服用。所以，这个团伙的犯罪行为，是在食品中添加了处方药品，属于制造、销售有害保健品的行为，涉嫌构成生产、销售有毒、有害食品罪。根据刑法第144条规定，在生产、销售的食品中掺入有毒、有害的非食品原料的，致人死亡或者有其他特别严重情节的，处十年以上有期徒刑、无期徒刑或者死刑，并处罚金或者没收财产。[①]

这个犯罪团伙的涉案金额高达千万元，而且致人死亡，属于情节特别严重，法院根据刑法规定，判决这个团伙构成生产、销售有毒、有害食品罪，对几名主犯分别判处死刑和无期徒刑，没收其所有财产，其他罪犯也分别被判了十年以上有期徒刑。

犯罪团伙被绳之以法了，李阿姨的冤屈也算是得到了澄清，但是随着王老伯的去世，王家并没有就此平静，又掀起了遗产争夺的轩然大波，李阿姨也被卷入了这场风波当中。王家姐妹之间为了争夺王老伯的遗产，闹到了你死我活的地步。

三个女儿同时拿出一份老人留下的遗嘱。大女儿王娟手上的遗嘱是：王老伯的所有遗产由王娟继承，但王娟必须每周五来照顾、看望王老伯。二女儿王萍手上的遗嘱是：王老伯的所有遗产由王萍继承，但王萍必须每周六来照顾、看望王老伯。三女儿王丽手上的遗嘱是：王老伯的所有遗产由王丽继承，但王丽必须每周日来照顾、看望王老伯。三份遗嘱的落款日期分别是

2012年3月1日，2012年3月3日，2012年3月6日。也就是说，王老伯在短短几天内，分别给三个女儿留下了三份内容格式完全相同，但继承人完全不同的遗嘱。为此三个女儿对簿公堂，要求确认自己手上的遗嘱才是有效的。

那么，老人怎么会在短短几天内同时写给三个女儿意思完全矛盾的遗嘱呢？三个女儿分别向自己的律师做了陈述。

大女儿王娟说，那天父亲给她打电话，说自己感觉身体大不如从前了，要对自己的身后事做些处理。王娟是大女儿，是父亲一把屎一把尿养大的，所以对大女儿的感情最深，他想把自己的财产都留给王娟。王娟一听很感动，王老伯让她有空回一趟家，王娟当天就去了。王老伯当着王娟的面写下了这份遗嘱。

二女儿王萍说，父亲给她打电话，让她去一趟，电话里父亲说，从小到大对她照顾、关心得不够，心里一直觉得很亏欠她，所以想把所有遗产都留给她。王萍听了也很感动，当天去了父亲那里，父亲也当着她的面写下了遗嘱。

三女儿王丽说，父亲给她打电话，让她去一趟，电话里父亲说，她是最小的女儿，也是最宝贝的女儿，要把财产都留给她。王老伯也是当着三女儿的面写下了遗嘱。

三个女儿分别找了律师，要对簿公堂。正在此时，又出现了另一个人，让三个女儿都傻了眼。这个人是老人的一位老朋友老张，也是做律师的。老张分别给王老伯的三个女儿打了电话，告诉她们，在他的手里还有另外一份老人的遗嘱，受王老伯委托，他是王老伯遗嘱的执行人。什么，老人还定了第四份遗嘱，父亲想要干什么呀？三个女儿接到老张的电话，都觉得非常愕然和气愤。但要打官司，必须了解所有情况，三个女儿按老张约定的时间、地点，相约见面。

原来，老张的手里确实还有一份王老伯的遗嘱，这份遗嘱的落款时间在前三份遗嘱之后，也就是这老张手里的遗嘱是最后写的。遗嘱前面一部分内容是写明自己迫不得已写下前面三份遗嘱的原因，请女儿们原谅。

原来，三个女儿成家立业后，都在忙各自的事情，家里也有孩子需要照料，所以，疏忽了对老父亲的照料和关心，使独居的老人备感晚年孤独凄凉。为了能让三个女儿定时轮流来看望自己，老人竟然想出了分别给三个女儿写三份遗嘱的办法来实现晚年不孤独的愿望。

遗嘱的最后写道：我此前的三份遗嘱是在无奈的情况下写的，我真实的意愿是将我的遗产全部赠予在我生命最后时刻能照顾我的人。

三个女儿面面相觑，不知如何理解父亲遗嘱的意思，也不知道究竟哪份遗嘱是有效的。这就涉及多份遗嘱的有效性问题。按照我国继承法的规定，遗嘱人可以撤销、变更自己所立的遗嘱。立有数份遗嘱，内容相抵触的，以最后的遗嘱为准。[②]如果多份遗嘱中有公证遗嘱的，则最终以公证遗嘱为准，公证遗嘱的效力高于其他形式的遗嘱。

所以，老张告诉三个女儿，老人留下的最后一份遗嘱才是有效的，她们就不用再争执了。正在三姐妹为谁是在父亲生命最后时刻照顾他的人而争执不休时，保姆李阿姨出现了。李阿姨也知道了王老伯第四份遗嘱的内容，她认为自己才是那个“在王老伯生命最后时刻能照顾他的人”，提出自己才有权继承王老伯的遗产。原来三个女儿就已经为遗产激烈纷争，李阿姨横插一杠进来，一下炸开了锅。三个女儿怎肯同意把父亲所有的遗产都给一个外人？本来三人相争，那也只是家庭内部矛盾，现在，出现了一个争遗产的外人，三人便停止争斗，矛头一致对准了李阿姨。李阿姨找到老张，请老张替自己做主。那么，李阿姨能否得到王老伯的遗产？王老伯立第四份遗嘱时，究竟是什么真实意思的表达呢？

老张说，老人此前因为无奈写下了三份遗嘱，怕将来三个女儿之间起纷争，所以留下一份真实的遗嘱，来说明情况，也表达自己真实的意愿，将来谁给他送终遗产就给谁。有权获得遗产的可能是一人也可能是几个人，只要最后能照顾他，谁都有权获得遗产。听了老张的解释，三个女儿和李阿姨都觉得自己是符合要求的人，都来找老张替自己说话。老张建议三个女儿和李阿姨到法院去起诉，要求法院判决谁有权继承王老伯的遗产。

法庭上，三个女儿认为，老人去世前的每个周末，三个女儿都是轮流去照顾老人的，这足以理解为三个女儿都是在老人生命最后照顾他的人，所以，三个女儿才有权继承老人的遗产。而李阿姨则认为：以前，三个女儿很少来看老人，是老人分别给她们写了遗嘱，他们才来看的，平时都是她在照顾老人。老人为何不在遗嘱中写“遗产留给在我生命最后时刻能照顾我的女儿”，而是写“在我生命最后时刻能照顾我的人”？这就说明老人已经考虑到得到他遗产的不一定就是他的女儿，而可能是别的人。

法院首先希望姐妹三人和李阿姨能友好协商，调解解决，但三个女儿和李阿姨都不同意调解，最后，法院只能对这起棘手的遗产案件进行判决。经过慎重研究，法院认为：王老伯的第四份遗嘱合法有效，李阿姨是在王老伯生命最后时刻照顾他的人。根据遗嘱内容，李阿姨符合获得遗嘱的条件。王老伯的遗产：居住房产的一半价值（另一半是老伴的遗产）和银行存款共计150万元，由李阿姨获得。至此，本案画上了一个句号。

洁蕙点评：

这个案件涉及目前比较敏感的食品安全问题。食用保健品，本来是为了强身健体，没想到，犯罪分子利用人们追求健康的心理，在保健品中掺杂药品，使人误以为达到立竿见影的效果，其实，对身体反而更有害。对于这样恶性犯罪，一定要严厉查处，给予重罚。

本案中，犯罪团伙制造、销售掺杂有伟哥成分的保健品，实际上包含了两个罪名，一是生产、销售伪劣产品罪，一是生产、销售有毒、有害食品罪。刑法第149条还规定，同一行为，触犯这两个罪名时，哪个罪处罚重就定哪个罪。所以，最终法院对这个犯罪团伙按照生产、销售有毒、有害食品罪来定罪量刑，判处主犯死刑。

法点链接：

①《中华人民共和国刑法》第140条：“生产者、销售者在产品中掺杂、掺假，以假充真，以次充好或者以不合格产品冒充合格产品，销售金额五万

元以上不满二十万元的，处二年以下有期徒刑或者拘役，并处或者单处销售金额百分之五十以上二倍以下罚金；销售金额二十万元以上不满五十万元的，处二年以上七年以下有期徒刑，并处销售金额百分之五十以上二倍以下罚金；销售金额五十万元以上不满二百万元的，处七年以上有期徒刑，并处销售金额百分之五十以上二倍以下罚金；销售金额二百万元以上的，处十五年有期徒刑或者无期徒刑，并处销售金额百分之五十以上二倍以下罚金或者没收财产。”

第 141 条：“生产、销售假药的，处三年以下有期徒刑或者拘役，并处罚金；对人体健康造成严重危害或者有其他严重情节的，处三年以上十年以下有期徒刑，并处罚金；致人死亡或者有其他特别严重情节的，处十年以上有期徒刑、无期徒刑或者死刑，并处罚金或者没收财产。

“本条所称假药，是指依照《中华人民共和国药品管理法》的规定属于假药和按假药处理的药品、非药品。”

第 142 条：“生产、销售劣药，对人体健康造成严重危害的，处三年以上十年以下有期徒刑，并处销售金额百分之五十以上二倍以下罚金；后果特别严重的，处十年以上有期徒刑或者无期徒刑，并处销售金额百分之五十以上二倍以下罚金或者没收财产。

“本条所称劣药，是指依照《中华人民共和国药品管理法》的规定属于劣药的药品。”

第 143 条：“生产、销售不符合食品安全标准的食品，足以造成严重食物中毒事故或者其他严重食源性疾病的，处三年以下有期徒刑或者拘役，并处罚金；对人体健康造成严重危害或者有其他严重情节的，处三年以上七年以下有期徒刑，并处罚金；后果特别严重的，处七年以上有期徒刑或者无期徒刑，并处罚金或者没收财产。”

第 144 条：“在生产、销售的食品中掺入有毒、有害的非食品原料的，或者销售明知掺有有毒、有害的非食品原料的食品的，处五年以下有期徒刑，并处罚金；对人体健康造成严重危害或者有其他严重情节的，处五年以上十年以下有期徒刑，并处罚金；致人死亡或者有其他特别严重情节的，依照本法第一百四十一条的规定处罚。”

第 149 条：“生产、销售本节第一百四十一条至第一百四十八条所列产品，不构成各该条规定的犯罪，但是销售金额在五万元以上的，依照本节第一百四十条的规定定罪处罚。

“生产、销售本节第一百四十一条至第一百四十八条所列产品，构成各该条规定的犯罪，同时又构成本节第一百四十条规定之罪的，依照处罚较重的规定定罪处罚。”

第150条：“单位犯本节第一百四十条至第一百四十八条规定之罪的，对单位判处罚金，并对其直接负责的主管人员和其他直接责任人员，依照各该条的规定处罚。”

②《中华人民共和国继承法》第19条：“遗嘱应当对缺乏劳动能力又没有生活来源的继承人保留必要的遗产份额。”

第20条：“遗嘱人可以撤销、变更自己所立的遗嘱。

“立有数份遗嘱，内容相抵触的，以最后的遗嘱为准。

“自书、代书、录音、口头遗嘱，不得撤销、变更公证遗嘱。”

临时 “夫妻”

关键词 诬告陷害罪 卖淫嫖娼

一天早上7时40分左右，某小区的居民们陆陆续续起床准备上班，窗户外面突然传来一个女子的大喊：“救命啊！救命啊！”人们探出头往外面一看，可不得了，原来是有人要跳楼！只见一栋楼的六楼阳台上，一名男子身体倒挂在楼外面，屋内一名女子用力拽着男子的右腿，男子才没有掉下去，但女人渐渐没有力气了，情况十分危急。

热心的邻居们马上跑到了出事的这户人家门口，可无论怎么样敲门，也没人给开门。原来，屋里只有两个人，男的跳楼时，女的上前拽着，根本分不开身。这怎么办？这时听到女子在屋里大声呼救：“救人啊，救人啊，我快拽不住了！”男子随时很可能会从年轻女子的手中脱落坠下楼去。

十多位市民在外面用脚使劲踹门，想把门踹开。这时，派出所民警接到报警也迅速赶到，众人在外面忙活了大约10分钟，才将门撬开了。门一开，想要帮忙的市民都冲到了卧室阳台。这时，女子已经拽了大约20分钟，身体已经有点僵了。男子的右腿卡在窗户上，女子几乎脱力，是靠着身体的重量压着男子的右腿，他才没有掉下去。大家一起用力，终于把男子救了上来。

等众人情绪稳定以后，民警了解到，跳楼的男子叫王建国，今年40岁，几年前从老家山西来到广东打工，现在是一家民营电器厂的车间主管。拽他腿的女人是他的妻子刘芬。十年前，王建国到广东打工，妻子在老家务农，夫妻两人一直过着分居两地的生活。半个月前，妻子刘芬从老家赶来看他，夫妻俩一年也就见一次面。妻子刘芬哭哭啼啼地对民警说：“幸亏我及时拽住了他的腿，不然他就没命了。”看来王建国跳楼并非演戏，那么会是什么事情让一个大男人想不开要跳楼自杀呢?

原来，几天前的一个晚上，两口子正在家卿卿我我的时候，突然有两名警察敲门进来要将王建国带走。刘芬一听警察要带走老公，急忙问为什么?一名年轻的民警脱口而出说：“有人告你老公强奸!”“什么?强奸?”刘芬犹如五雷轰顶，疑惑地看着丈夫。是啊，平时夫妻分居，老公背着自己都干了什么，自己也不清楚。王建国急着辩解：“老婆，我没有，没有啊……”还没等王建国说完，两名警察已将王建国带出门上了警车。

到了派出所之后，王建国被取了血样，然后被带到了问讯室，他仍然大呼冤枉，举起手发誓：“警察同志，我真的没做过违法的事情啊，更别说强奸了!”警察问他：“你认不认识一个叫杨丽娟的人?”一听“杨丽娟”三个字，王建国愣在了那里，他说他认识杨丽娟，但和她就是普通的同事关系，绝没有强奸她。警察冷冷地说：“同事关系?同事多了，她为何不告别人偏偏告你呢?”原来，就在王建国来派出所接受调查的几个小时前，杨丽娟拿着几件衣物来到派出所哭哭啼啼报案，说她被人强奸了。强奸她的人是她的车间领导，叫王建国。以前王建国就经常利用职务便利，占她便宜，进行性骚扰，碍于他是自己领导，一直忍气吞声。前几天，杨丽娟生病请假没去上班，王建国竟然跑到宿舍，假装关心慰问，趁宿舍里没人，强奸了她。

警察接到报案后立即找来王建国调查情况。而王建国为自己辩解道：“杨丽娟是我车间的工人，她这是在报复我！她工作自由散漫，经常不能完成工作任务，我前两天批评过她。”

看王建国不肯认账，警察从桌子下面拿出一个证物袋，证物袋里面是一条灰色的内裤。“这是受害人提供的证据，既然你没对她做什么，那就不怕验一下你的DNA。”一听警察这么说，王建国吓得扑通一声跪在了地上：“警察同志，我说实话。我和杨丽娟确实发生过男女关系，但那也不是强奸，我们两个都是自愿的呀。”警察说：“是不是自愿，也不是你说了算的。”警方一边深入调查，一边等待物证的DNA鉴定结论。很快，公安机关查证，杨丽娟提供的裤子上的精液，就是王建国的。

王建国的妻子在派出所等着要人，听说了这一消息更是气得咬牙切齿，自己在家辛辛苦苦带着两个孩子，一直以为王建国平时安分守己，挣钱养家，真想不到十几年的夫妻了，他竟然还背着自己干这种事。然而，有了物证和当事人指控，王建国依然不承认自己是强奸，他向警方供述，他的确和杨丽娟发生过关系，但两人是自愿的，并交代了他们在一起发生关系的来龙去脉。

据王建国讲，他和杨丽娟是几年前在网上聊天认识的，当时他们虽然都在广东，但在不同的城市里打工。聊天中，杨丽娟告诉他，自己一个人在外地打工，丈夫在江苏打工，也是过着夫妻分居两地的日子。同样的生活状态使王建国和杨丽娟有了亲近感，为了排解寂寞、满足生理需要，两个人就偷偷好上了，经常见面约会，再后来杨丽娟干脆就来到了王建国打工的这个工厂上班。这下，两个人工作和生活都在一起，做起了隐蔽的临时“夫妻”，算起来已经有一年多的时间了。双方都有一种默契，那就是都不提各自的家庭情况，也许是两个人都有各自的难言之隐吧。近一段时间，王建国的妻子要来看他，王建国和杨丽娟的来往就少了。他对自己的妻子是有感情的，而且还有两个孩子。妻子刘芬来了以后，王建国沉浸在和妻子相聚的美好时光中，杨丽娟一直打电话、发短信给他，要王建国到她那儿去。为了不让妻子不小心接到电话或是看到短信，更为了避免杨丽娟的狂轰滥炸，他索性一回家就关机。没想到杨丽娟恼羞成怒，到派出所报了案，说他强奸，但他真的没有强奸过杨丽娟。

得到王建国的供述，警察接着去调查杨丽娟，杨丽娟却一口咬定就是王建国强奸。她哭着告诉警察：“我老家有老公，老公对我很好，家里有孩子，怎么可能跟他做临时夫妻呢?”两个人说法不一，有没有其他线索证明究竟谁说的是实话呢?

警方根据王建国的供述，到两人所在的工厂里了解情况。工友们都是欲言又止，三缄其口。后来，有一个年纪轻一点的工友对警察说：“他们两个呀，实际上就是‘临时夫妻’啊，这在我们这里是一个公开的秘密了。我们这里很多人，老婆或者老公不在身边，就和在这里一起打工的人好上了，有的干脆住在一起了。”看来工友的反映和王建国说的比较一致。

工友们的证言可以初步证明，王建国说的很可能是实情，他和杨丽娟可能就是通奸关系，杨丽娟可能是出于泄愤才报案的。考虑到王建国行为的社会危害性不太大，所以，通过所在单位出面担保，对他采取取保候审的措施，可以暂时回家，但必须随传随到。刘芬知道了丈夫背着自己又找了一个临时“老婆”，伤心万分，闹着要离婚回老家，王建国百般哀求，请求妻子原谅！王建国夫妻俩闹得家里底朝天，杨丽娟家的日子也不好过，杨丽娟的丈夫林文根得知自己妻子被人强奸了，连忙从打工地江苏赶来。

他和杨丽娟结婚十年了，有一个 9 岁的儿子，儿子在老家由爷爷奶奶带着。林文根到江苏打工，杨丽娟到广东打工，夫妻分居两地已经有五六年了。只有放长假的时候，夫妻才能团聚。林文根发誓，一定要让强奸自己老婆的人付出代价。

赶到广东的当晚，林文根就见到了妻子，杨丽娟哭哭啼啼地把在派出所讲的被王建国强奸的经过又对自己老公说了一遍。脾气火爆的林文根拳头捏得咯咯响。

第二天，林文根就来到王建国和杨文娟所在的工厂，要找王建国算账。林文根一见到王建国，冲上去一把抓住王建国的衣襟，劈头盖脸就是几巴掌，两人扭打在一起。王建国一再和林文根解释，杨丽娟和自己好是自愿的，顶多是通奸关系，没有强奸她。一听这话，林文根就更来气了，王建国不仅不认账，还污蔑自己老婆跟他通奸，跳起来又要去打王建国，被赶到的警察给拦住了。林文根转过头来质问警察：“他明明是强奸犯为什么不把他抓起来?”民警告诉林文根，现在王建国是取保候审，不等于他没事了，如果确实存在强奸，那也必然要受到刑事处罚的。警察一席话，暂时平息了林文根暴怒的情绪。其实，林文根的心里也直打鼓：会不会是妻子真的出轨了？他冷静下来后，答应警察回去和妻子好好谈谈，配合警方把事情搞清楚。

林文根回到家，看了一眼自己的老婆，不知是什么心情，恶狠狠地问道："王建国说他和你之间早就有关系了，不是强奸。"杨丽娟立马跳起来说："他胡说八道，没有的事，是他强奸我，没想到，你也相信他的鬼话。"说完，杨丽娟委屈地呜呜哭了起来。林文根看妻子这么委屈，又这么坚持说是王建国强奸她，心里反而好受了些，就说："如果你真的是清白的，明天你就再去派出所说清楚，肯定是王建国强奸你的。"

第二天，在林文根的陪同下，杨丽娟再次来到派出所，重申自己是被王建国强奸的。人证、物证都在，而且有受害人的强烈指控。不久，公安机关根据被害人的控诉和相关物证，以涉嫌强奸罪将此案移送检察机关。

王建国可能被判处刑罚。听到这个消息时，林文根心情好了许多，几天的假期也快到了，他辞别老婆又匆匆回到江苏打工去了。走之前他安慰妻子说："王建国会受到惩罚的，只是你一个人打工我不放心，以后还要倍加小心。"就这样，杨丽娟送走了老公，他们家的风波暂时过去了，可是王建国家出大事了。自从发生了这件事，王建国感觉时时刻刻都有人在他背后指指点点，尤其杨丽娟的老公来工厂里打过他以后，他连门都不出了。后来听说自己涉嫌强奸的案件已经送交检察院，一晚上都没有合眼，甚至感觉警察就在来抓他的路上。他清晨起来一个人在阳台上徘徊，看楼下有没有警车，后来实在想不开，就想跳楼。妻子刘芬早觉得他不太对劲，就在王建国打开阳台窗户翻下阳台的一刹那，跑上去拽住了他的小腿，出现了故事开头邻居和警察来帮忙解救的情景。王建国被救下后哭喊着对老婆说："你干吗要救我？是我对不起你和孩子，与其让我蹲监狱还不如让我死了算了，但是我真的没有强奸她！"看到丈夫跳楼自杀，刘芬有些动摇了，莫非真的冤枉了他？自己该不该原谅他呢？

就在王建国感觉自己走投无路的时候，事情竟然发生了逆转。一个星期以后，报案称受到强奸的杨丽娟再次来到了派出所，杨丽娟的话，让办案民警瞠目结舌。"警察同志，我想和你们说实话，但希望你们不要告诉我老公。"杨丽娟不停地搓着手，欲言又止，闭着眼睛，心一横说："其实老王是冤枉的，他没有强奸我，我们之间的确是你情我愿的。”这回，她承认是自己诬陷了王建国，但当初为什么要诬陷他强奸？现在又为什么要说实话呢？民警询问了半天，杨丽娟说：“他老婆来了就不理我了。而且，因为我最近上班迟到了几次，他就当着大伙的面批评我，还说得很难听，他一点情面都不讲，我很生气，一气之下就报了案。可后来我就后悔了，我和老王之间也没有什么深仇大恨，我不想把他弄得那么悲惨。我本来想早点来销案的，可后来我老公来了，我实在无法开口告诉我老公我和老王之间是那种关系，我老公知道的话会打死我的。现在，我老公回去打工了，你们不要追究王建国的罪，也不要告诉我老公。王建国的老婆也挺可怜的，她几次来求我，我也不忍心再和她过不去了。”

确实，刘芬知道了王建国和杨丽娟之间的关系后，心如刀割，她心里难以接受老公的背叛，多次提出要和王建国离婚。那么，她又为什么几次去求杨丽娟，为老公说情呢？

原来，在王建国跳楼自杀风波发生后，刘芬想想千里之外的家中，病弱的公公、婆婆和年幼的一双子女，都需要丈夫这个支撑家庭的顶梁柱。尽管丈夫有错，但若真把他逼死了，公婆没有了儿子，孩子没有了父亲，这对一家人都是很大的伤害。于是，她抹抹眼泪，找到了杨丽娟，跪在杨丽娟面前，一把鼻涕一把泪地说：“妹子啊，你可怜可怜我们一家，上有老、下有小，家里就建国这么一个顶梁柱，他要是被关起来了，你要我们家里怎么办啊？我们家又怎么在我们村里待下去啊？你高抬贵手，放过建国吧。我求求你，就算是他对不起你，我这辈子替你做牛做马，我也心甘情愿。”眼看刘芬跪在地上哭得这样悲伤，杨丽娟心中涌上一丝愧疚，自己也是有老公的人，干吗因为人家老婆来了，疏远了自己就报复人家呢？如果说了实话，显然自己是在报复王建国，太没有脸面了；若不说实话，王建国肯定要被判重刑，自己也会愧疚一辈子。杨丽娟斗争了一晚上，最终还是来到了派出所，向民警坦白实情。

杨丽娟无意中还向警察透露了一个重要情节，引起了警察的注意。王建国一般每周来找杨丽娟一到两次，每次临走时，王建国都会给杨丽娟 20 元钱。“什么？王建国事后还给钱？这虽然不是强奸，但也该是卖淫嫖娼吧？”接待杨丽娟的两位年轻民警觉得案情重大，立刻报告。

那么，王建国每次和杨丽娟发生关系之后，都给杨丽娟 20 元钱的行为，是否构成嫖娼呢？卖淫嫖娼是指不特定的异性之间或者同性之间以金钱、财物为媒介发生性关系。王建国和杨丽娟之间是特定的关系，他们之间的关系是通奸行为，不构成卖淫嫖娼。

杨丽娟说完后感觉如释重负，心想，王建国可以很快没事了，自己也可以走了。王建国倒真是很快没事了，但没想到，杨丽娟自己却摊上事儿了。

公安机关认为杨丽娟涉嫌诬告陷害罪[①]，依法将其刑事拘留了。根据我国刑法规定：诬告陷害罪，是指捏造事实诬告陷害他人，意图使他人受刑事追究，情节严重的行为。被陷害的人有没有真的被刑事处罚不重要，不影响本罪的成立。当初，杨丽娟为了泄愤，捏造王建国强奸她的事实，到公安机关报假案，意图让王建国受到刑事追究。这显然符合诬告陷害罪的构成要件，所以，公安机关认为，杨丽娟涉嫌构成诬告陷害罪。我国刑法第 243 条规定，犯诬告陷害罪的，处 3 年以下有期徒刑、拘役或者管制；造成严重后果的，处 3 年以上 10 年以下有期徒刑。好在是杨丽娟主动到公安机关说了实话，也算是自首的情节。

当杨丽娟的丈夫林文根接到警察的电话，得知自己的老婆因为诬告陷害王建国而被刑事拘留的时候，彻底愕然了。他又连夜赶到广东。从警察那里他得知了全部的事实真相，他掩面而泣，一个大男人流下悔恨的泪水，一边哭一边说：“我真的没想到我老婆能干出这种事情。”他说早知道这样，自己就应该留在杨丽娟身边，虽然钱赚得少一点，但是最起码不会发生这种荒唐事。眼看妻子可能被判刑，他也着急啊，怎么办呢？这时有人提醒他，当初不是王建国的老婆到杨丽娟那里求情，杨丽娟才到派出所坦白自己诬告王建国吗？王建国作为被害人，你也可以去求王建国，如果他表示原谅杨丽娟，说不准可以轻判呢。

林文根一想也只有这个办法了。他连忙赶到王建国那里，去求王建国和刘芬，请他们高抬贵手，王建国看了看刘芬，说："老婆，你看怎么办？我都听你的。"王建国自知和杨丽娟的事情很对不起刘芬，这事发生以后，他对老婆充满了歉疚感，所以，凡事都听老婆的。那么，刘芬会原谅杨丽娟吗？

刘芬对林文根说："大家出门在外，都不容易，你媳妇儿也是个可怜的女人。咱们的孩子都差不多大，我们不会和你们过不去的，可我们能做什么呢？"林文根一听刘芬的话，赶忙说自己已经问过律师了，如果王建国表示原谅杨丽娟的话，法院也会酌情减轻对杨丽娟的处罚的。王建国两口子经过商量，向派出所递交了一份谅解书，表明已经原谅杨丽娟了，请不要追究杨丽娟的刑事责任了。

因为杨丽娟是主动承认诬告陷害王建国，又取得了被害人的谅解，法院最终判处杨丽娟有期徒刑六个月，缓期一年执行。法院判决之后，林文根带着杨丽娟离开了广东。而王建国也在单位的帮助下，将刘芬接到了自己的身边。

洁蕙点评：

王建国和杨丽娟之间的闹剧，无疑是让人揪心的。据报道，在外打工的农民工之间滋生的或明或暗的临时"夫妻"或"性伙伴"的现象已经比较普遍。这种灰色现象，向社会透出一种信息：打工族夫妻长期分居问题应该得到全社会的关注。那么，应该怎样解决这个社会问题？一方面，中国城镇化进程加快，大量外来务工人员涌入城市，农民工子女教育、医疗、养老各方面的问题，需要政府在制定政策法律过程中充分考虑。另一方面，要打破城乡二元化结构，关注中小城市发展，将资源更多地投入到中小城市，鼓励民营、私营企业发展，使农民工能够就近打工赚钱。有条件的企业可以让夫妻双方同在一个城市里求职，或给予一定的生活空间，或建立相对规范的休假探亲制度，从而能最大程度解决农民工夫妻分居的实际问题。

我们也希望长期在外打工的兄弟姐妹们，能尽量与配偶团聚，尽量不去触碰道德的底线。临时“夫妻”必然面临许多尴尬，引发许多纠纷，到头来害人害己。对那些已经组成临时家庭的农民工朋友，能在矛盾纠纷产生前结束这种不合法的状态最好；如果已经因此产生了家庭纠纷、财产纠纷，千万要冷静对待，不能因一时的冲动做出伤害自己和他人的事情。

法点链接：

①《中华人民共和国刑法》第243条：“捏造事实诬告陷害他人，意图使他人受刑事追究，情节严重的，处三年以下有期徒刑、拘役或者管制；造成严重后果的，处三年以上十年以下有期徒刑。

“国家机关工作人员犯前款罪的，从重处罚。

“不是有意诬陷，而是错告，或者检举失实的，不适用前两款的规定。”

离婚不离家的儿媳

关键词 口头遗嘱 遗嘱的形式

一位从没有生育的女士被告知自己生了一个孩子。这位女士叫李琴，她的丈夫叫季强。一天，李琴在街上遇到一个中学时的女同学，现在在街道计生办工作。这位同学一见到李琴，就大惊小怪地对李琴说："啊？你怎么刚生完孩子就出来啦？这么大年纪生孩子，一定要好好调养！"这话说得李琴满脸通红，因为李琴人到中年一直没有孩子，老同学这样说，她觉得莫名其妙，急忙问："我根本没有生孩子啊，怎么回事？""啊？你没生孩子？那为了给孩子报户口，你老公前几天还来补办准生证，说你生了个大胖儿子要报户口。不会有错啊，材料都是我审的。"这就奇怪了，李琴将信将疑，她想等季强回来直接问他得了。

丈夫季强，自从油漆作坊关了以后就到县城里去打工了，一般两个星期回来一次。这天，季强回来了。李琴问他："我们家的户口簿呢？"季强一听，有些紧张，支支吾吾地说："我们单位要查户口簿，我给带到单位去了。"李琴又问："那我听说你到计生办去开准生证，说我生了个儿子。有这回事吗？"季强矢口否认，说："不可能，肯定是那人神经错乱了胡说八道的。"说完，就去忙自己的事情，再不搭理李琴这茬子事了。这两天，李琴看出季强心事重重、闪烁其词，李琴决定把这事查个水落石出。

星期一，等季强回县城上班去了，李琴立刻就去了派出所，她要求查阅他们家的户籍内档资料，这一查还真把她吓了一跳。派出所的户籍资料上赫然登记着：户主季强；妻李琴；子季小宝，2011 年 9 月 1 日出生。而且正是前几天报进的户口。看到这个户籍记录，李琴百思不得其解，难道季强在外面领养了一个孩子？那这样的事情何必要瞒着自己呢？应该和自己商量才对啊，至少也应该告诉自己啊！这一路想着，她不知不觉回了家。一回家，她就来到隔壁婆婆的房间，告诉了婆婆这件怪事。

季强的母亲李阿婆，有风湿的毛病，必须经常卧床，全靠儿媳李琴忙里忙外地照顾。尽管李琴一直没有给季家延续香火，但李琴对婆婆非常孝顺。所以，婆婆没有因为李琴没有给他们家添丁而对李琴有埋怨，相反总是埋怨自己的儿子不懂得照顾李琴，让李琴两次流产。因为婆婆的宽容和理解，李琴就更加尊敬她，这对婆媳之间的关系真是少有的好。当李琴把自己了解到的户口簿上突然冒出个儿子的事情告诉婆婆后，婆婆也惊讶万分。要说她心里不渴望抱孙子那是假的，但这样不明不白冒出个孙子，她也觉得心神不宁。她让李琴马上收拾东西，婆媳俩一起到县城季强的单位找季强去。

母亲和媳妇的突然造访，季强是始料不及的。李琴和婆婆来到季强的宿舍，工友说季强早就不住宿舍，到外面租房子住了。根据工友的指路，李琴和婆婆一路找到了季强的住处。没想到还没进门，就听到了婴儿的啼哭声。房门敞开着，只见一名年轻女子双手抱着婴儿，准备给婴儿喂奶。看到门口出现两个陌生的女人，那女子也愣住了。女子问："你们找谁？"婆婆说："我们找季强。"女子问："你们是谁？"婆婆说："我是季强的妈。"指着李琴说："她是季强的老婆，你是谁？""我……我……"女子一时不知如何回答，就抱着孩子躲进了里屋。季强从里屋走了出来，看到母亲和老婆，惊愣不已。母亲冲上前去质问季强："这到底是怎么回事？这个女人是谁？这个孩子又是谁的？"面对母亲的质疑和媳妇的眼泪，季强又是怎么解释的呢？

季强平定了一下慌乱的心情说，抱孩子的女人是他的徒弟，叫小芳，老家在山区，一个人在这里打工挺不容易的，现在又生了一个孩子，所以，他来照顾照顾。母亲追问："那这个女人的孩子是谁的？"

季强否认孩子是自己的，说："唉，不是我的！是谁的，我也不知道，我只是看她可怜，帮帮她。”“帮帮她，你帮的也太近乎了吧？为啥咱家户口上还多了一个婴儿的户口？”季强一听，母亲和李琴已经知道孩子报进了户口，觉得再无法隐瞒下去了，只好一五一十地说出了他和小芳的关系和这个孩子的来历。

小芳是季强的徒弟，天天在车间见面，季强与小芳相处的时间要远远多于和李琴在一起的时间。一天，小芳在上班的时候突然肚子疼，要季强陪他去宿舍。宿舍里没有人，大家都在上班，面对眉头微蹙，手捂胸口的年轻女人，季强胸口腾出一股冲动。他关上房门，将小芳推倒在床上，两人发生了性关系。此后，两人在外人面前是师徒关系，私底下就是情人关系，不久，小芳怀孕了。当得知小芳怀孕的消息，人到中年还没有一儿半女的季强，真是太开心了。他一把抱起小芳，兴奋地想转圈。又一想会伤着胎儿，小心翼翼把小芳放下，真是不知怎么才好，反正是兴奋极了。但冷静下来，他又开始发愁，自己是有老婆的人，小芳还没结婚，这孩子怎么生？生出来怎么办？

思来想去，他做出了一个重要决定。他决定让小芳生下这个孩子并且给孩子报上城镇的户口。那么他是怎么一步步操作的呢？首先，他到外面租了一间房子，让小芳辞职，两人偷偷摸摸地住在了一起。每逢周末季强还是会装模作样地回老家。从小芳到医院做怀孕检查到住院生孩子，登记的产妇的名字都是李琴。季强让小芳冒充李琴，因为季强知道法律规定孩子的户口既可以随母也可以随父，小芳未婚，户口又在山区，孩子的户口必须报在自己这里。而报在自己的户口上，必须是妻子李琴生下的孩子。就这样，小芳冒名李琴生下了一个大胖儿子，取名季小宝。

当母亲知道自己儿子做的这一切，心理的滋味很是复杂，她既为突然有了个孙子感到一丝惊喜，也为儿子如此伤害李琴而感到非常愤怒。她知道，在这件事情上李琴受了很大的委屈，她是一定要给李琴面子的，她冲上去就想打儿子。季强躲闪，她打不到儿子就冲儿子说：“尽管现在你在外面有了一个孩子，但你不能委屈了李琴，绝对不能和她离婚。”没想到，站在一旁的李琴却大声喊了出来："不，妈，我一定要和他离婚！"说完，转身冲出了季强的住处。

接下来的日子，李琴正式向季强提出了离婚。没想到，季强不同意。那么，季强为什么坚决不同意离婚呢？季强表面上的理由是两人有夫妻感情，而且母亲不同意两人离婚。实际上，季强心里觉得，李琴对自己的母亲那么好，现在也完全靠她在家里照顾母亲，自己才可以那么轻松自在。万一离婚了，不就没人照顾母亲了吗？到时自己的负担不就加重了吗？其实，季强是个非常自私的人。李琴早已看出季强的本性，他不能和一个已背叛自己的男人再做夫妻，她毅然决然要离婚。至于婆婆，她觉得，即便离婚了也可以常见面的。

李琴一纸诉状告到法院，要求离婚。本来，李琴想得很简单，只要和季强离婚就行了。但法院在审理过程中，发现了户籍资料上还有一个季强和李琴所生的孩子季小宝，季小宝还不满一周岁。李琴说孩子不是我生的，法官不解地问："那孩子是哪来的？"李琴不得不把季强冒用自己的名字欺骗医院和计生办等部门，领取出生证和准生证的事情告诉了法官。法官听了非常惊讶，那么多年来还是头一次遇到这样的事情。法官严肃地批评了季强，并告诉他，我国法律规定，非婚生子女享有和婚生子女同样的权利，即便孩子不是他和李琴生的，只要他确实是孩子的父亲，向有关部门如实递交相关材料，孩子也可以随他报入户口，完全没有必要造假。季强偷梁换柱欺骗有关部门的行为，是完全错误的，有关部门完全可以据此对他进行处罚。法官告诉李琴和季强，季强的行为从民事责任上来看，也侵害了李琴的姓名权，李琴完全可以在离婚同时向他提出赔偿要求。另外，如果季强以夫妻名义与小芳同居的话，其行为就涉嫌构成重婚罪。当然，对于这个问题，季强极力否认他和小芳以夫妻名义共同生活，加上重婚罪是自诉案件，李琴看在婆婆年迈的面子上也不想告季强重婚，只是要求离婚。所以，对于季强是否涉嫌重婚这事就没人再提。

季强根据法官的建议，主动向计生部门和派出所承认了自己的欺骗行为。由于孩子确实是季强的，他又主动承认了错误，有关部门既没有对季强做出处理，也没有撤销孩子的户口登记。而李琴决定放弃告季强侵犯自己的姓名权，她只希望能顺利离婚就行。最后，法院依法判决李琴和季强离婚，夫妻共同财产对半分割。季强由于有过错，还对李琴做出了一定的赔偿。

季强和李琴离婚后，就与小芳结了婚，他们两人租住在县城的房子里，平时很少来看望母亲。李阿婆没人照顾，所以不舍得让李琴离开。李琴几次提出要回娘家去住，都被李阿婆哭着挽留下来，而季强、小芳不回来看母亲的理由是已经离婚的儿媳妇还住在夫家，这让新媳妇怎么回来？这就形成一个矛盾，也造成了李阿婆与儿子和新媳妇之间的裂痕越来越深。

日子一晃又过了一年，让李琴万万没有想到的是，一件事情的发生使得她和季强之间的恩怨没有就此了结，反而结得更深了。

最近，李阿婆的身体每况愈下。那几天，李阿婆连着发高烧，是李琴把她送到了医院。李阿婆住院期间，季强和新媳妇很少来看望更别说照顾了，都是李琴来照料。病房里的病友问李阿婆，照顾你的到底是你的女儿还是媳妇啊？李阿婆虚弱的声音中透着满足："都不是。""啊，都不是，那她是？""她是我儿子以前的媳妇。已经和我儿子离婚了。""啊，那么好的媳妇，你儿子瞎了眼了，要和人家离婚？有几个对婆婆那么好的媳妇啊？"病房里的人都羡慕李阿婆有一个那么好的前儿媳。

这时，李阿婆用手指了指自己的腹部，李琴以为老人意思是让她给自己擦身。她没有多想，拿起脸盆就忙着去给老人倒水。就在李琴端来一盆热水，像往常一样准备给李阿婆擦身时，发现李阿婆呼吸困难，想要和李琴说什么，却什么也说不出。李琴连忙叫来医生，可是为时已晚，老人已经停止了呼吸。医生宣布老人已经死亡，要求家人准备后事。李琴一边哭一边继续给李阿婆擦身，擦到一半，发现了李阿婆绑在身上的一个包裹。打开一看，里面有写着密码的银行卡，银行卡上有存款 5 万元；还有四根金条和一条金项链。李琴看着这些东西正觉得奇怪时，邻床的病友告诉她，李阿婆有"今天谁给她擦身就把这些宝贝给谁"的遗言。病友告诉她，李阿婆实际上就是要把这些财产留给李琴。李琴听完病友的话，一边哭一边解下放物品的包裹，并放进了自己的口袋。

正在这时，季强和新媳妇赶来了。季强一眼看到了李琴放进口袋的东西，冲过去要她拿出来。并说这是自己母亲的，李琴没有权利拿。李琴不理季强，继续埋头给李阿婆擦身，季强一把抓住李琴的胳膊，把李琴扭转过来。李琴拼命护住自己的口袋，说这是李阿婆临死之前送给她的。季强根本不理她，一拳打向李琴，顺势抢走了李琴口袋里的包裹。李琴被打后一头撞在了病床边上的辅助器材上，顿时鲜血从头上汩汩涌出。这时，医院的医生、护士和保安人员也纷纷赶到，训斥季强怎么可以在老人刚走后在病房打人。病友们纷纷把这件事的来龙去脉告诉了医生和保安，大家纷纷指责季强，说他这样做实在不应该，这让死去的母亲如何能得到安宁？这时，警察也到了，李琴被护士送去包扎伤口，并去脑外科拍片子做检查。季强被警察留下做笔录。李阿婆生前怎么也没有想到，自己去世后，季强和李琴这对已经离了婚的冤家又开始了一场战争。

警察先让李琴、季强处理完了李阿婆的后事。之后，再来处理这起财产和人身伤害的纠纷。李琴去做了伤情鉴定，鉴定的结果是，头部钝器伤口达6厘米，构成了轻伤。根据这个结论，季强涉嫌构成故意伤害罪是可以确定的。但故意伤害罪可以是公诉案件也可以是自诉案件，考虑到被害人是加害人的前妻，这又是一个家庭内部的财产纠纷引起的伤害案件，社会危害性不大，公安机关建议李琴直接向法院提起刑事自诉，不作为公诉案件追究季强的刑事责任。那么，李琴会告季强故意伤害罪吗？他们这对离异夫妻究竟还要结下多大的恩怨呢？

最后，李琴念在多年的夫妻情分上，决定不追究季强的刑事责任，但要求他承担民事赔偿责任，即对李琴的伤害承担经济赔偿。同时，李琴向法院另案起诉，要求确认李阿婆绑在身上的财物归李琴所有，同时要求法院判决自己有权分得李阿婆的房产等其他遗产。

那么，李阿婆绑在身上的这些财物到底归谁？这真是一个最棘手的问题。

开庭的时候，李琴的律师认为，李阿婆临死前对病友说“谁给我擦身就把财产送给谁”的话，第二天李琴来给她擦身，说明李阿婆的财产实际上已经在生前赠送给了李琴，这个病房的病友可以作证。

法庭上，季强的律师却这样问李琴：“李阿婆临死前有没有和你说‘你给我擦身我把财产送给你’？”李琴说：“没有。老人只让我替她擦身，别的还想要说什么，但已经说不出来了。”律师转身对法官说，李阿婆说的“谁给我擦身就把财产送给谁”这句话是对同病房的病友说的，她对李琴本人并没有说，或者还没来得及说就去世了。赠与必须是赠与人对受赠人的明确表示，而不是赠与人对其他没关系的第三人的明确表示，所以，律师认为赠与不成立。[①]

李琴的律师觉得对方律师强调赠与似乎对李琴非常不利，所以，提出了另一个观点，他认为李阿婆生前对病友说的“谁给我擦身财产就送给谁”这话可以认定为李阿婆的口头遗嘱。继承法规定，立遗嘱人在危急情况下，可以立口头遗嘱，但必须有两个以上无利害关系人见证，在危急情况解除后，应当通过书面的形式或录音的形式立遗嘱。[②]

李琴的律师认为，根据法律对口头遗嘱的规定，李阿婆是在去世的前一天对同病房的几位病友说的，可以认为是在危急情况下立的口头遗嘱，也有两个以上无利害关系的见证人，那就是同病房的病友。而且，意思表示明确。现在，给她擦身的人是李琴，所以，李阿婆的遗产就应该由李琴获得。

季强的律师却认为，即使认定是口头遗嘱，这份所谓的口头遗嘱也是无效的。如果李阿婆去世前一天说了口头遗嘱，说完就去世或者失去知觉，那么这份口头遗嘱是有效的。但她是第二天去世的，而且去世前神智是清楚的，也可以说话，这期间有足够的时间改立书面遗嘱或录音遗嘱，而李阿婆没有这样做，所以，口头遗嘱无效。

李琴的律师反对，他认为对方律师对一个在弥留之际又没有文化的老人过于苛求了，法律不该做出这样的苛求。老人在去世前一天留下口头遗嘱，第二天一早就去世了，这不算危急情况算什么？

最后，李琴律师的观点得到了法官的认同。法官认为，李阿婆的遗言是在危急情况下所留，属于有效的口头遗嘱，确认阿婆绑在身上的5万元存款和金条、首饰共计价值10万元的财产，归李琴所有。

另外，李琴还要求分到李阿婆其他的遗产，因为李阿婆一直是由她照顾的，但季强和小芳认为，不是他们不照顾，而是李琴一直在婆婆家里，离婚不离家，新媳妇不愿见到前任媳妇才没有照顾老人。他们的这个理由能成立吗?

继承人以外的对被继承人抚养较多的人，可以分配给他适当的遗产。适当，是多少呢？最高人民法院的司法解释规定：可以分给适当遗产的人，按具体情况可多于或少于继承人。[4]这说明适当不一定是少部分，也可以是大部分遗产。已经离婚的媳妇还能继续照顾前夫的母亲，弘扬了中华民族的孝道，值得称赞。被告没有尽到赡养义务，其提出的所谓不能尽赡养义务的理由不能成立。根据继承法和相关司法解释，最后，法院判决李阿婆遗留房屋的60%份额，归李琴所有。判决生效后，房屋通过拍卖得以执行，所得价款80万元，李琴分得40余万元。

洁蕙点评：

工作中，我碰到很多老年人不懂法律，用类似李阿婆这样的方法表达自己对身后财产的处理，结果引发纠纷。本案中，李阿婆是把财产绑在自己身上，还有的老人用诗歌的体裁写遗嘱，由于意思表达不明确，都招致很大的麻烦。

纵观大量棘手的遗产纷争，大多是由于被继承人遗嘱表达不清造成的。所以，立遗嘱要尽量按照法律规定的格式，意思表达要清楚准确，这样才不会给继承人带来麻烦。

好在本案最终让善良的李琴得到了李阿婆的遗产，有一个“善有善报”的结局，让人感到一些欣慰。这个案件，我们要为法官的判决鼓掌。“法律无外乎良心”，当一个案件如何判决存在法律空白的时候，或存在法律争议的时候，就需要法官行使自由心证的权利。这时，依靠的是法官的良心判断。

一个好的判决一定是符合善良人心的判决，一个符合良心的判决，需要的是法官内心对公平正义的追求。

法点链接：

①《中华人民共和国合同法》第185条：“赠与合同是赠与人将自己的财产无偿给予受赠人，受赠人表示接受赠与的合同。”

②《中华人民共和国继承法》第17条：“公证遗嘱由遗嘱人经公证机关办理。

“自书遗嘱由遗嘱人亲笔书写，签名，注明年、月、日。

“代书遗嘱应当有两个以上见证人在场见证，由其中一人代书，注明年、月、日，并由代书人、其他见证人和遗嘱人签名。

“以录音形式立的遗嘱，应当有两个以上见证人在场见证。

“遗嘱人在危急情况下，可以立口头遗嘱。口头遗嘱应当有两个以上见证人在场见证。危急情况解除后，遗嘱人能够用书面或者录音形式立遗嘱的，所立的口头遗嘱无效。”

③《中华人民共和国继承法》第14条：“对继承人以外的依靠被继承人扶养的缺乏劳动能力又没有生活来源的人，或者继承人以外的对被继承人扶养较多的人，可以分给他们适当的遗产。”

④《最高人民法院关于贯彻执行〈中华人民共和国继承法〉若干问题的意见》第31条：“依继承法第十四条规定可以分给适当遗产的人，分给他们遗产时，按具体情况可多于或少于继承人。”

离奇的夫妻协议

关键词 无效协议 公序良俗 婚姻中的过错

这天下班，妻子陈雪打电话给丈夫杨博说："今天我要和新认识的男友在外面吃饭，晚上会晚回来，你不用等我一起吃晚饭了。"丈夫杨博回答说："知道了，祝你们过得愉快！"这就奇怪了！这对夫妻怎么这样说话？妻子约男友见面，丈夫不仅不恼火还祝他们愉快。是妻子故意说的气话？还是这两口子有什么不为人知的秘密呢？

妻子名叫陈雪，今年32岁，是一名大学音乐老师，不仅漂亮还很有气质；丈夫名叫杨博，今年35岁，是一名中学的美术老师。他们7年前结婚，没有生育子女。想当初，恋爱和刚结婚的时候，同样爱好艺术的夫妻俩，花前月下，充满了甜蜜和浪漫；可是结婚7年后，陈雪突然发现两个人在一起，就像左手摸右手，再没有了以前的激情和温馨，取而代之的是平淡琐碎甚至是乏味。陈雪天性喜欢刺激和浪漫，喜欢交朋友，喜欢出去玩，而杨博是一个慵懒、内向喜欢安静的人，喜欢待在家里。当初要不是因为两个人都是学艺术的，又都是一个大学的校友，根本就不可能走到一起。但随着岁月的推移，两个人越来越显示出性格、爱好上的差异。陈雪越来越看不惯杨博的安于现状、平庸懒惰。加上没有子女的牵绊，她不想跟着杨博就这样耗费自己仅剩不多的青春。她时常开导杨博说："再不疯狂一下就老了，我们可不能这样活！"于是，她一有机会就经常一个人出去玩，很晚才回家，这就引起了丈夫的不满。两个人经常为此吵架，每次吵架陈雪都会提到离婚二字，一提离婚杨博就不吭声了，他还真不舍得和陈雪离婚。既然这婚不是那么好离的，那这两口子又有什么好办法来解决生活平淡无奇的难题呢？

一次大吵后，陈雪又说要离婚，杨博说："你老是离婚、离婚不离口，你还有什么别的话好说吗？"不料，陈雪当即说："咱俩暂时不离婚也可以，咱俩都可以到外面去找新的感情，各自找到后就离婚，找不到就还一起过。"此话一出，杨博当即反对说："陈雪你是不是疯了？这种游戏可不是好玩的。"杨博明白，陈雪就是想先找好了再把自己给踢了，他才不想给陈雪这样的机会，就劝陈雪不要如此轻率，多次请求陈雪能回心转意。但是，陈雪依然经常不回家。最后，失望的杨博终于同意了陈雪的提议。陈雪怕杨博日后抵赖，还拿出纸和笔，要求当场签协议。于是，夫妻俩签了一份协议，内容是：为了今后各自的幸福，双方都允许对方隐瞒已婚的婚姻状况，尝试以单身身份与其他异性交往。如果谁先找到了合适的再婚对象，另一方就同意离婚。离婚时，财产对半分，彼此不承担任何责任。

协议签订后，他们夫妻就开始分房而睡，陈雪顿时感觉身心自由舒畅，再也不必受杨博的束缚。她现在可以名正言顺、正大光明地和异性交往了。而且，因为陈雪是音乐老师，看上去比同龄少妇更显年轻。她很自信，认为自己肯定要比杨博先找到意中人，于是故事开头的怪事也就出现了。

自从订立了这样一份夫妻协议，陈雪下手很快。她通过网络认识了不少异性，他们中有企业家、影视导演、公务员，也有骗子。怎么还会有骗子？陈雪的第一个男友A，是网上认识的一名广告片的导演，40岁，未婚，和陈雪一样天性浪漫，爱好广泛，喜欢旅行。相识以后他经常带陈雪出去旅游。陈雪和A交往了两个月，后来发现A还有别的女人，她非常恼怒，两人大吵了一架就此分手。陈雪交往的第二个男友B，是一名公务员，离婚，带着一个孩子。B老实稳重，对陈雪体贴有加，陈雪和她父母家里有了什么麻烦事，只要托他，他都能帮忙把事情搞定。为此，尽管B比杨博还沉闷，陈雪还是很喜欢和他交往。可是，过不了三个月，陈雪还是觉得只能把他作为好朋友，结婚是不可能的，因为B比杨博还要不解风情。这种人做朋友互相帮帮忙还可以，做老公实在不适合陈雪这样的女人，也就没有成功。第三个男友C说自己是开公司的，很会甜言蜜语。他说陈雪是他这辈子见过的最美丽的女人，说陈雪是他心中的女神，他要一辈子拜倒在她的石榴裙下，把陈雪哄得浑身痒痒。可交往不久，C就说自己公司的资金周转不过来，向陈雪提出要借10万元。陈雪可不是等闲之辈，听到各种婚恋骗钱的事情太多了，她一听对方问自己借钱就觉得不对劲，马上识破对方是个骗子，赶紧和C分手。陈雪现在交往的D，是一名家产近亿的企业家。陈雪在网上发布了可以上门教孩子钢琴的信息，而D的孩子要学弹钢琴，二人因此认识。交往了几个星期后，陈雪的音乐才情和美丽外表吸引了D的目光，两人开始暗中来往。但是，D是有老婆的，尽管陈雪欺骗对方说自己未婚，但D也不能娶她为妻。而且，家产近亿的D不可能离婚，因为离婚会分掉他一半的财产，所以，陈雪和D的关系也处在不明不白之中。陈雪也不能因此和杨博提离婚，和D的关系最终也不了了之。

就这样，陈雪自从和杨博签了婚内特殊协议后，半年来虽然交往了四个可能再婚的对象，但没有一个是靠谱的。这让陈雪很懊恼。她想来想去，觉得还是杨博对自己最忠诚。陈雪开始为自己庆幸，当初找到杨博，还算是幸运的，她打算和杨博好好过日子。但是，就在陈雪意识到自己的行为太荒唐，在外面转悠了一圈准备回心转意时，杨博这边却有了新的惊喜。

这半年来，陈雪忙着与男友约会，把杨博一个人丢在家里。寂寞的杨博心里当然是气不过，也有了危机感，不能坐以待毙等着让陈雪甩了。于是他找出以前的通讯录，开始联系以前的朋友。他按照通讯录的号码，试着给初恋女友王丹打电话，没想到竟然打通了，电话那头传来王丹兴奋的声音："喂，是你吗？杨博？啊，好久没联系了，你好吗？"王丹是杨博的高中同学，还是班长，上学时是杨博的学习榜样，杨博很崇拜她。高中毕业，杨博考入了艺术类大学，王丹进入了一所著名的理工科大学。上大学后，杨博开始追求王丹，两人开始了恋情。后来由于在不同的大学读书，见面时间减少，也由于陈雪的介入，两人后来分了手。时隔这么多年了，初恋情人竟然还能够联系上，还对自己这么热情，是杨博万万没有想到的，于是两人约好在一个咖啡馆见面。

这是两人分手九年后的第一次见面，杨博在咖啡馆昏暗而柔情的灯光下再次见到王丹，王丹还是那么知性端庄。两人见面的第一句话都是：你还好吗？然后，他们面对面坐下聊起九年来各自的工作和感情经历，当然主要是感情。王丹五年前结婚，一年前又离了婚，离婚的原因是男方有了外遇。他们没有孩子。杨博本来想告诉王丹自己的婚姻情况，但一听到王丹说她已经离婚了，自己还有机会，又想到反正和陈雪已经签过协议，所以，他隐瞒了自己的婚姻状况。他说自己也离婚了，也没有孩子，离婚的原因也是老婆有外遇。这对初恋情人，分手九年后又相遇，各自的感情经历又如此相同，可以说是同病相怜。现在，他们又以“单身”身份相见，这难道不是老天的安排吗？从此以后，杨博就经常约王丹见面，两人终于旧情复燃，如胶似漆起来，但是谨慎的杨博并没有把这些告诉陈雪。

随着杨博与王丹交往的深入，王丹多次提出要去杨博的住处，可杨博的住处就是和陈雪的家呀，到处都是夫妻生活的痕迹，怎么能带王丹去呢？于是，杨博就另外租了一套一室一厅的房子，让王丹以为这就是他的住处。杨博搬出了和陈雪的家，经常住在这套房子里。杨博甚至还见了王丹的父母，两人已经到了谈婚论嫁的时候。

可就在这个时候，发生了一件事。陈雪在连续几次与婚外异性交往没有结果后，决定回心转意，回归家庭。陈雪打电话给杨博，希望他能抽空回家住，杨博不知道陈雪葫芦里究竟卖的什么药。回到他和陈雪的家，杨博发现现在陈雪每天下班就回家，忙里忙外做家务，早上起来还给杨博做早餐。到了晚上还主动跑到杨博的房间。他们夫妻自从签了夫妻协议就分房而睡，但这几天陈雪都会要求和杨博一起睡，陈雪的反常举动弄得杨博有些为难了。怎么办？是拒绝还是接受？杨博有些迷惘和犹豫。但经不住陈雪的主动示爱，杨博和陈雪又发生了夫妻间的事。但事后，杨博又后悔了，他心想：“陈雪啊陈雪，早知今日何必当初呢？你以为我杨博是你呼之即来挥之即去的吗？”杨博想到陈雪这半年来的表现，与陈雪离婚的决心已定。

加上王丹催促杨博早点结婚，杨博终于正式和陈雪摊牌，告诉陈雪自己已经找到合适的再婚对象，要求根据协议约定，和陈雪离婚。当陈雪听到杨博说出离婚二字时，一下呆住了，说："不行，我不同意离婚。""什么？你不同意？不是你自己提出的吗？谁有了合适的再婚对象，另一方必须同意离婚，怎么现在要反悔？对不起，由不得你了！"陈雪泪流满面地恳求道："杨博，我现在后悔了，我知道我错了，我对不起你，你是我遇到的最好的男人，我们好好过日子，我一定做个好妻子，我们生个孩子，好吗？"杨博心灰意冷地说："你现在说这些已经来不及了。"好强要面子的陈雪见自己已经低三下四求杨博了，杨博还不领情，于是又转变了态度，说："离婚可以，但必须在我也找到中意对象后才能离婚。"就这样，由于陈雪不同意离婚，离婚的事就被暂时搁置了。其实这是陈雪的缓兵之计而已。

可是杨博那边，王丹在催着他结婚。王丹是一个稳重、善解人意的好女人，何况她和杨博算是青梅竹马的恋人，有着太多的共同话题。经过交往，杨博认定王丹比陈雪更适合自己，自己更爱王丹。所以，内心里杨博已经下定了要和陈雪离婚和王丹结婚的决心。

可是，突然有一天，陈雪打电话告诉杨博自己怀孕了。这个消息如晴天霹雳般让杨博的脑袋一下子像炸了一样。这怎么可能，肯定是陈雪不同意离婚才编的谎话，他们结婚七年都没有孩子，怎么难得睡在一起就有了？不可能。再说即便真怀上了，陈雪在外面交了那么多男朋友，谁能保证孩子就是他的呢？杨博决定不予理睬。

执拗的陈雪见杨博挂了自己的电话，决定在杨博单位门口等他下班。不料，那天王丹也在杨博单位门口等他。陈雪亲眼看到一个女的钻进了杨博的车，连忙跑上去拦住了车。坐在车里的王丹和拦车的陈雪，两个女人你看着我，我看着你。一个充满了茫然，因为王丹不知道陈雪是谁；一个充满了嫉妒和仇恨，陈雪的眼睛里似乎要喷出火来。杨博觉得在单位门口让陈雪惹事影响不好，连忙让陈雪先上车再说。他们三个找个地方好好谈。陈雪气鼓鼓地上了车。王丹出于礼貌，问陈雪："您是谁呀？"陈雪没好气地回答："我是他老婆。请问你又是谁?”王丹吃惊得嘴巴张得大大的,“什么,这是怎么回事?杨博,你怎么回事?让我下车!”王丹冲着杨博喊道。杨博急着说:“你不要着急,等会我会和你解释。”

杨博带着两个同样愤怒的女人来到自己和王丹租的小屋,因为这里比较私密,不会被外人看到。陈雪环顾这个丈夫和别的女人同居的屋子,气鼓鼓地一屁股坐下。三人坐下后,杨博把自己和陈雪的关系以及他们之间的协议一一告诉了王丹,希望王丹原谅自己对她隐瞒了婚姻状况。听完杨博的话,王丹吃惊得愣住了,天下还有这样的夫妻?想得出签订如此荒唐的协议?不过,看来自己还得感谢陈雪,没有她这份协议,自己和杨博那可就真是失之交臂了。王丹说:“既然你们有协议在先,你现在已经跟我交往了,你就应该向陈雪提离婚了吧?而且,根据协议,陈雪必须同意啊!”

听王丹这样说,陈雪却当场拿出了医院的检查报告,告诉王丹,以前的一切都是年少无知,现在,她已经怀上了杨博的孩子,所以,一切都要回归到原来的位置。至于那份荒唐的协议,她也问过律师了,因为违背公序良俗,所以是无效的。

杨博拿起医院检查报告,顿时愣住了。看来陈雪怀孕是真的,怎么办?但他根本不相信孩子就是自己的。杨博提出去流产,坚决要求离婚。陈雪气愤地说她一定要把这个孩子生下来,作亲子鉴定,而且决不同意离婚。就这样,双方谁也不肯让步,离婚的事只好再次搁置。

怎么办?本来就老实的杨博真不知该如何是好了。他在朋友的帮助下,找到律师咨询对策。律师认为,尽管理论上男方也有生育选择权,但毕竟胎儿在母体里,由女方最终决定是否要生这个孩子。所以,陈雪执意要生,杨博也是没办法阻止的。而且,除非能证明孩子不是男方的,否则,女方怀孕和哺乳期内男方是不得提出离婚的。如果杨博要离婚,也只有等孩子出生并过了一年哺乳期再说。听律师这样说,杨博和王丹都长吁短叹,还要那么漫长的时间啊?他们又问那份协议是否有效?律师认为,协议关于两人都可以去与婚外异性谈恋爱的内容,因为违反公序良俗,肯定是无效的。什么是公序良俗呢？公序良俗，即公共秩序与善良风俗的简称。公序良俗原则是现代民法一项重要的法律原则，是指一切民事活动应当遵守公共秩序及善良风俗。我国民法通则第7条规定：民事活动应当尊重社会公德。一旦法院在司法审判实践中，遇到立法当时未能预见到的一些扰乱社会秩序、有违社会公德的行为，而又缺乏相应的禁止性规定时，可直接适用公序良俗原则认定该行为无效。

所以，律师认为，协议中关于各自去找异性谈恋爱，找到可以再婚的对象就离婚这样的内容是无效的。但是，这份协议却还有它的作用，它至少可以排除掉杨博违背夫妻忠诚义务的可能，杨博背叛婚姻找人恋爱的行为是陈雪之前同意的，所以，陈雪将来不能以此要求杨博承担婚姻法上的过错责任，对其进行赔偿。

听了律师的介绍，杨博和王丹决定，经历了这样一场风波他们还是要在一起。若陈雪执意生下孩子，那就等孩子出生并过了哺乳期再离婚。但此时，杨博已经彻底搬出了和陈雪共同的家。陈雪因为厌倦平淡的婚姻要疯狂一把，结果是搬起石头砸了自己的脚。现在，陈雪面临重大抉择，是生下孩子还是流掉孩子？

她决定以孩子作为最后的赌注，生下孩子并坚决不同意离婚。她已经明白自己再要找一个像杨博这样的男人几乎已经不可能了，她已十分后悔自己当初的轻率行为，她决不放弃还拥有的法律上的婚姻关系。同时，她找到了杨博的父母。她知道老人一直渴望抱孙子，她把自己怀孕的消息告诉了老人，希望老人能阻止杨博和自己离婚。

杨博的父母知道儿媳妇怀孕，高兴得不得了，他们当然希望陈雪生下孩子，坚决不同意杨博和陈雪离婚。那么孩子究竟是谁的呢？

数月后，陈雪生下一女。杨博要求做亲子鉴定。亲子鉴定的结果是，孩子的确是杨博的。杨博面临两难选择，究竟是离婚还是不离婚？离婚的话，妻子陈雪毕竟已经为他生下女儿，于心不忍。可不离婚吧，王丹那里怎么交代？毕竟他们是初恋情人，有着那么深厚的情感，特别是这两年来，两人的感情与日俱增，谁也离不开谁。如果要分手，谈何容易？又怎么对得起王丹？

经过一段时间的慎重考虑，杨博想到当初他如何苦口婆心劝说陈雪珍惜他们的家庭，但陈雪当作耳边风，执意要签那份荒唐的夫妻协议，他们的夫妻感情确实已经不存在了，他应该按照自己内心的意愿去做。终于做出了和陈雪离婚的决定。

在陈雪生下女儿一年后，杨博正式向法院提出了离婚。法庭上，陈雪认为当初的协议违背公序良俗，因而是无效的，不同意离婚。而且，他们已经有了女儿，女儿是在他们签订夫妻协议后怀上的，说明即便签了夫妻协议，他们之间还是有感情的。所以，不同意离婚。如果杨博坚持要离婚，那么，杨博婚外与人同居①，作为有过错方，应承担赔偿责任。而杨博认为，正是因为有了夫妻协议，他确认他们的夫妻感情已经不复存在后，才与王丹交往并产生了深厚感情后同居的，不存在过错，再说自己已经不可能再与陈雪有夫妻感情了。至于孩子，当时是陈雪在外面交往异性受挫后，勾引杨博才怀上的。最后，法院认为他们夫妻俩曾经订立的那份荒唐的协议无效，该协议只能说明夫妻确已没有感情，准予离婚。孩子由女方抚养，男方支付每月1000 元抚养费。

判决生效后，杨博和王丹结了婚，过上了幸福平淡的日子。陈雪一个人带着孩子，尽管忙碌辛劳，但有女儿做伴，日子也过得充实快乐，当然离她原来所渴望的浪漫的日子越来越远了。

洁蕙点评：

公序良俗原则是学者根据世界范围内的普遍立法用语而对中国现行的民法原则规定进行概括而得的一种说法。中国的民法通则等法律中，以“社会公共利益”“社会公德”来表达出同样的精神。“社会公共利益”在内涵与作用方面同“公共秩序”基本相同，“社会公德”则与“善良风俗”相当。

公序良俗原则在诸多民事立法较好的国家都有明文规定，如《法国民法典》第 6 条规定，个人不得以特别约定违反有关公共秩序和善良风俗的法律。《德国民法典》第138条规定：违反善良风俗的行为，无效。《日本民法典》第90条规定：以违反公共秩序或善良风俗的事项为标准的法律行为无效。

本案中荒唐的夫妻协议，从协议内容本身来说是法律不保护的，是无效的，但从丈夫主张婚姻破裂要求离婚角度，它却是一份有力的证据。

所以，法律上的无效并不等于无用。

法点链接：

①《中华人民共和国婚姻法》第46条："有下列情形之一，导致离婚的，无过错方有权请求损害赔偿：

（一）重婚的；

（二）有配偶者与他人同居的；

（三）实施家庭暴力的；

（四）虐待、遗弃家庭成员的。"

两个爸爸 一个妈妈

关键词 强奸罪 无法做出的亲子鉴定 子女抚养 民事诉讼第三人

金巧是个老实本分的女孩，可大学毕业后却未婚先孕，不久又与男友分手，独自回到老家生孩子。生完孩子，她又将一对双胞胎兄弟告上法院，要求确认谁是孩子的爸爸，并要求孩子爸爸支付孩子的抚养费。这是怎么回事呢？谁是孩子的爸爸，难道她自己都不清楚么？这就奇怪了。

这两个男人一个是金巧的前男友林浩，另一个则是林浩的哥哥林壮。他们是孪生兄弟。那么，他们三人之间究竟发生了什么事情呢？这得从两年前说起。金巧和林浩两人是大学同学，感情一直很稳定。大学毕业后，两人一起到了上海一家外资公司实习。两人同居后，本来打算等工作稳定下来了，就回老家见家长，办婚礼。元旦的时候，林浩说自己的哥哥也想来上海发展。由于上海房租很贵，而且为了方便彼此有个照应，三人就合租了一套两室一厅的房子。哥哥到上海那天，林浩有事临时出差，金巧去车站接哥哥林壮。

金巧知道林浩和林壮是双胞胎，对两人长得像是有心理准备的。那天在火车站，当金巧真的见到林壮，还是被眼前的一幕惊呆了。兄弟两人长得实在是太像了。都是1米8的个子，一样的身材体型，甚至一样的体重，一样的长脸型，一样的眉毛、鼻子。除了穿的衣服不一样，几乎什么都是一样的。金巧和林壮在一起的时候，脑海里就会浮现出林浩，有一种和男友在一起的错觉。

林壮很快在上海找到了工作，三个人住在一起相处得也很愉快。却没有想到一次家庭聚会让情侣分手、兄弟反目了。

这是他们合租房子后的第一个周末，正巧又是端午节，三个人在家吃团圆饭，庆祝兄弟团聚。三个人喝了两瓶白酒，饭后，三人都喝醉了。金巧扶着烂醉如泥的林浩回了两人的房间，林壮也回了自己的房间。两个房间门对着门，大小和装修风格都是一样的，甚至家具和床也是一样的，他们各自关上房门睡觉了。

半夜三更，金巧晕乎乎地起来去卫生间，回来后朦朦胧胧看见"林浩"正站在卧室门前。金巧见"林浩"在卧室门口等自己，一时情起就上前抱住了"林浩"，两人推开门进入房间相拥上了床温存了起来。

过了一会儿，突然听得"砰砰砰"一阵敲门声，把醉意朦胧中与"林浩"缠绵的金巧给惊醒了。金巧听到了林浩喊自己的名字。林浩在门外，那床上的是谁？金巧急忙拉开灯，发现自己没有睡在自己的床上，再看房间，不是自己和林浩的房间，再看眼前这个男人，她问："你是？"只听对方说："我是林壮。""啊？你不是林浩？"金巧突然意识到自己犯了一个重大的错误，慌忙起来穿好衣服，可是这时已经来不及了，门被打开了，而站在门口的正是林浩。只见林浩铁青着一张脸，见金巧开门上去就是一记耳光，然后冲上去对着林壮就是一拳。金巧连连说："林浩，你听我解释，你听我解释。"林浩根本不听，由于激动而涨得通红的眼睛就像要喷出火来，然后，他转身进了自己的房间，任凭金巧在门外怎么哭泣怎么解释，他就是不开门。

那么，金巧怎么会跑到林壮的房间里？她和林壮之间又发生了什么呢？

原来，金巧上完洗手间后因为酒还没醒，走错了房间，而林壮当时也正准备去卫生间，与金巧在客厅里撞个正着。醉意中金巧以为是林浩在门口迎候她，把林壮当成了林浩，就习惯地上前拥抱男友；而林壮也喝多了，看到金巧主动上来这么奔放地拥抱自己，还以为金巧对自己有什么想法，也难以抑制年轻人的冲动，就来了个顺水推舟，两人相拥到床上发生了关系。

弟弟林浩虽然醉酒，但还是有意识的，他朦朦胧胧见金巧出去久久不回，就去洗手间找；没人，再去其他房间找；也没人，剩下唯一可找的地方就是林壮的房间了。于是林浩就到林壮房间敲门，敲了半天不开，就撞开了房门，看到他最不想看到的一幕。

金巧坐在林浩房间门外的地上，哭泣了一晚上。林壮来劝慰她，说把自己的房间让给她睡，可林壮话没说完，金巧就拼命地撕扯林壮，一边撕扯一边说："都是你，你毁了我和林浩的感情，你为什么要冒充林浩？"林壮被骂得不知该如何解释，他心里直叫苦："不是你主动来拥抱我的吗？怎么说是我冒充弟弟勾引你呢？"

第二天一早，任凭金巧怎么解释和道歉，弟弟林浩毅然地离开了这个三个人的家。打电话不接，公司也辞职离开了。而哥哥林壮也在同一天搬了出去，不知去向。空荡荡的房间就只剩下金巧一个人了。她离不开林浩，毕竟大学一路走来感情是很深的，相处几年来从来没想到过林浩会离开她。却没想到会有这样的结局，现在在林浩的眼里自己就是一个水性杨花的女人。怎样才能让林浩原谅自己，回到自己身边呢？

身心受到极大伤害的金巧，每天以泪洗面。她知道，如果不证明自己的清白，男友永远不会原谅自己。于是金巧向当地公安局报案，说林壮强奸了她。警察接报后，根据金巧提供的林壮的电话，找到了哥哥林壮。那么，林壮是否构成强奸罪呢？

林壮对警察说，那天他喝多了，晚上起来上洗手间。不料一开房门，正好金巧走了过来，而且一见到他就伸开双臂抱住他，还主动把他拖到床上，才发生了性关系，并不是自己要强奸金巧。警方调查后，金巧也承认是自己误认为林壮是自己男友才与之发生了关系，林壮没有强迫自己。但自己确实遭受到了林壮的性侵犯，当时她不是很清醒，现在很后悔。于是警方认为没有证据证明林壮是在违背金巧意志的情况下与之发生性关系，控告林壮的强奸罪名不成立，不予立案。

可怜的金巧，报案不成，心灰意冷，也不再去公司上班，每天就在家盼着林浩也许会回来。金巧一夜夜地为林浩点着灯，就这样等了半个月，林浩始终没有出现，手机也已经停机。金巧知道这一次真的把林浩的心伤透了。可是自己也很委屈啊，自己也是无心之过啊。长达四年的爱情就这样结束了吗？金巧觉得心痛万分。由于林浩没有再回来，待在上海已经没有意义了，而且因为没有了积蓄，金巧只好独自回了老家。回家后，金巧也是沉默寡言、闷闷不乐。父母看出了状况，询问她和林浩之间究竟发生了什么？金巧只说和林浩分手了，没有说为什么分手。可是，接下来发生的事情，再次把金巧推到了人生的十字路口。

回到娘家后不到一个月，金巧发现，自己居然怀孕了！既然已经和林浩分了手，孩子就打掉吧。不然一个单亲妈妈以后怎么嫁人啊？金巧在金妈妈的陪同下到医院做人流。可就在手术室门关上的一刹那，金巧用手一把抵住了手术室的门，朝着门外的妈妈说："不，妈，我不做手术，我要生下这个孩子。""什么，你疯了？一个二十多岁的小女孩还没结婚就生了孩子，不行，这绝对不行！"金妈妈一边坚决地说，一边堵住女儿的去路，试图把她推进手术室。但是，说时迟那时快，金巧已经挣脱了母亲的阻拦，一溜烟地跑出了医院。金巧为什么要执意生下这个孩子呢？当得知自己怀孕的消息，金巧就想到当初和林浩在一起的种种承诺，想到两个人曾经甜蜜地筹划着以后有了小宝宝该取什么名字。凭一个母亲的直觉，她认定孩子肯定是林浩的。她突然萌生了要留下这个孩子的念头，她想，也许这个孩子会挽回林浩的心，肯定会的！到时候，只要证明孩子是林浩的骨肉，林浩就会回到自己身边，也会原谅自己的。于是，金巧坚持要生下这个孩子。父母也没办法阻止，怕女儿再出什么意外，另外，金爸爸和金妈妈内心也很渴望女儿的愿望可以实现。等抱了外孙，林浩再回心转意那该多好啊！很快，孩子出生了，金巧满怀深情地给林浩写了一封很长的电子邮件。告诉他，她生下了他们两人的宝宝，这是他们两个人爱的结晶。希望可以给彼此一个机会，给宝宝一个交代，一家三口好好地在一起生活。没想到，第二天就接到了林浩回复的邮件："你还好意思说孩子是我的？天知道孩子是谁的！孩子不是我的，你找他去！"

这一次，金巧被林浩深深地伤害了。当初，确实是自己有错，自己也知道错了，但作为母亲，她很清楚，自己生下的这个孩子肯定是林浩的，绝对不可能是林壮的。林浩如此不念及他们往日深厚的感情，不顾及自己对他的爱，如此冷酷地不放过女友的一时过错，坚决不承认自己的骨肉的行为，深深伤害了本已十分脆弱的金巧。金巧决定，不能让孩子从小就没有父亲，不清不白地活在这个世界上，一定要林浩承担起作为父亲的责任。于是，她一纸诉状告到法院，要求确认林浩是孩子的父亲，并承担抚养费。

林浩接到诉状后抗辩称，孩子可能不是他的，并请律师到上海公安部门调取到当初金巧告林壮强奸的报案记录，举证林壮也可能是孩子的父亲。法院将林壮作为民事诉讼第三人[①]到庭。在这个案子中，原告是金巧，被告是林浩，可在诉讼过程中，林浩又指认林壮可能是孩子的父亲，所以，法院为了简化诉讼程序，也为了便于查明案情，把林壮作为诉讼第三人加入到诉讼中。

林壮接到法院把他作为诉讼第三人传唤出庭的通知，很意外，觉得自己只是喝醉酒与同样喝醉的弟弟女朋友之间因为误会而发生了一夜情，没想到还引来那么多的麻烦，真是好尴尬啊！他本来想不出庭的，但别人告诉他，如果不出庭，就无法表达自己的意愿和主张，到时法院如果做出对他不利的判决就为时已晚了。所以，他还是硬着头皮出庭了。第一次开庭，首先要确定孩子到底是谁的，在征得林浩和林壮同意的情况下，法院要求他们同时去做亲子鉴定。那么，亲子鉴定的结果又会怎样呢？

半个月的等待之后，忐忑不安的金巧终于拿到了鉴定书。亲子鉴定的结果却令所有人都大失所望。鉴定结论是林浩和林壮两人都是孩子生物学意义上的父亲。也就是说他们兄弟两个都可能是孩子的父亲。怎么会这样呢？原来，林家兄弟是同卵所生，也就是说两人是由同一个受精卵一分为二，形成两个胚胎。由于出自同一个受精卵，接受完全一样的染色体和基因物质，同卵双胞胎性别完全相同，相貌特征几乎像一个模子刻出来的。除了外形，同卵双胞胎的血型、智力甚至某些生理特征和对疾病的易感性等都很类似。基因型一模一样，按照目前的科学水平还无法鉴别孩子究竟是谁的。

知道了这个结果，林家兄弟也呆住了，等他们反应过来，都不愿意承认孩子是自己的。哥哥林壮更加坚决地说："我就这么一次，怎么可能是我的。"这下，法官犯了难。怎么判决呢？金巧更是悲伤，怎么会是这样的鉴定结果呢？打了官司还是无法证明孩子是谁的，难道自己和儿子就这样不明不白地活下去吗？正在法官为该怎么判决犯难的时候，更加不幸的事情发生了。

一天，金巧突然晕倒了。她生完孩子后一直感觉身体无力，疲惫不堪，加上精神上的打击和压力，身体状况越来越差。被送到医院，经过医生检查竟然是乳腺癌中晚期。金巧不得不住进了医院，金巧知道这个结果的第一时间，想到的就是自己还在襁褓中的孩子。自己去了，孩子可怎么办呢？林家兄弟都不认这个孩子，家中年迈的父母亦是不堪重负。索性就带着孩子一起去吧。悲痛欲绝的金巧甚至向法官表达了这样的想法。不幸的金巧和孩子的命运又会如何呢？

办案的法官一边劝慰金巧，让她一定要鼓起生活的信心和勇气，绝不能被命运摧垮，一边决定帮助金巧母子渡过难关。他立刻打电话分别把林浩和林壮找了过来，决定做最后一次努力。当林浩和林壮得知金巧生病的消息，都惊呆了。毕竟他们曾经都是有情义的。现在，金巧生病了，而且这么严重，林浩和林壮心里都很难过，他们内心里开始对金巧产生了深深的愧疚。法官对他们说："你们想想，从当初酒后的误会，到你们俩谁都不愿承认这个孩子，金巧承受了多大的委屈和痛苦？可以说，她现在得病，就是因为承受太重的心理负担造成的。当初的错误，是你们三个一起造成的，可所有的后果不能让金巧一个人来承担啊，你们两兄弟应该承担责任。孩子尽管不能证明究竟是你们中哪一个的，但至少已经证明是你们林家的后代呀，你们实在没有必要兄弟间彼此怨恨，应该携起手帮助金巧共渡难关啊！"

法官找兄弟俩谈话以后，林浩和林壮心里都很不是滋味，他们开始为自己当初的心胸狭隘而感到深深的自责。特别是林浩，当初和金巧甜蜜恩爱的一幕幕又重新浮现在眼前，想着想着不禁潸然泪下。林浩当场表态说："法官，想来想去，算来算去，孩子肯定是我的，我承认这个孩子是我的，都是我一时糊涂，心胸太狭窄，没有原谅金巧一时的错误，我愿意承担孩子的抚养费。请把孩子判给我吧。”而林壮也表态：“孩子很可能是在我和金巧发生关系的那天怀上的，否则，林浩也不会死不认账。而且，我弟弟林浩才刚开始工作，没有多大经济能力，这样吧，孩子我认了，我是孩子的父亲。”这下可好，兄弟俩之前赌气谁也不肯承认孩子是自己的，知道金巧的遭遇后，又都说孩子是自己的，要争孩子的抚养权。这下，法官该如何是好呢?

第二天，弟弟林浩买了鲜花、水果去看金巧。当病床上的金巧看到自己日思夜想的人终于出现在自己面前时，一时不知说什么好。从她内心来说当然还是希望与自己相恋多年的林浩能回心转意，顿时泪如雨下，满肚子的委屈倾泻而出。林浩告诉病床上的金巧，他会承担起照顾孩子的责任，请她放心，也希望她能尽快好起来。

过了两天，金妈妈来到病房，告诉了女儿另一个让她意外的消息。金妈妈说，林壮买了很多婴幼儿的玩具和衣服来看孩子，并说他会承担起照顾好孩子的责任的。本来，金妈妈以为来的人是林浩，后来才知道认错人了，这两兄弟实在是太像了。林浩和林壮的温情转变给了病床上的金巧无限的力量和希望。但是，孩子的父亲只能是一个人。现在，林浩和林壮知道自己得病了，出于往日感情也好，出于同情也好，都争着承认自己是孩子的父亲，这倒又让金巧犯难了。

与此同时，本来为了金巧已经反目成仇的兄弟俩，又为了金巧走到了一起。他们相约在父母家商量金巧和孩子的事情。林浩、林壮的父母知道了这件事，也和两个儿子一起商量怎么处理此事。林浩说：“我本来想和金巧结婚的，但她坚决不想拖累我，不同意结婚，只希望我照顾好孩子。我也尊重她的意见。孩子是我的，哥，你就别管这事了。我能担起这个责任。”可林壮说：“当初是我的一时冲动害得你和金巧没成，现在，金巧生病也是起因于此，我应该为我的行为负责。反正，孩子无论是你的还是我的，都是我们林家的。我工作时间长，工资比你高，孩子就让我来养吧。”最后，林家父母表示，孩子毕竟是林家的，如果金巧和金巧父母愿意把孩子交给他们林家抚养，那就由他们两位老人来抚养；如果金巧父母不同意，那孩子继续留在金巧家，两兄弟共同承担孩子的抚养费。那么林家人的意见，金巧是否能接受？她是否愿意让林家兄弟共同承担孩子的抚养费呢？

林家把这个想法告诉了法官，法官又把这个意见转达给了金巧，金巧愣了半天，冒出一句："那孩子到底算是谁的啊？"说完法官也愣了，安慰金巧说，现在最关键的是解决孩子的抚养费问题，到底是他们兄弟俩谁的，只有等以后鉴定技术进一步发达了再定。但不管是谁的，毕竟都是他们林家的后代，而且兄弟俩能互相理解，都愿意承担抚养义务，这也是最好的结果了。法官在征得金巧和金巧父母的意见之后，对双方做出了如下调解书：在金巧生病期间，孩子由林家抚养。一旦金巧康复，孩子仍和母亲金巧生活，林浩和林壮分别承担孩子一半的抚养费。

最后，两家都接受了这个调解。孩子由林家照料，金巧父母把主要精力放在照顾金巧上面。在金巧住院治疗期间，兄弟俩轮流带着孩子，尤其是林浩每天都来看望金巧，金家和林家两家人和睦地相处着。金巧和林浩商量好，如果金巧能战胜病魔，金巧愿意和林浩带着孩子继续生活在一起。

洁蕙点评：

这个案子太离奇了，但它却真的发生了。最后，法院通过调解，使两兄弟对半承担了抚养义务，案件得到圆满解决。试想，如果两兄弟都不愿调解，都不愿主动承担抚养费的话，法院会怎么判呢？

本案的特殊性在于：第一，兄弟两人都在金巧受孕期间与她发生了性关系；第二，孩子都有可能是两兄弟的后代。这些证据，无法排除掉两兄弟中任何一个人的责任。既然无法证明孩子究竟是两兄弟中哪一个的，那么，根据或然性推断，孩子是林浩或林壮的可能性各占50%。民事诉讼和刑事诉讼不同。刑事诉讼中，要判一个人有罪，证据必须达到完全排除其他可能，即达到证据证明的必然性、绝对性，才能判定一个人有罪。但民事诉讼的标准没有刑事诉讼那么严格，民事诉讼的证明标准是达到高度盖然性，通俗地讲，有证据证明一方主张的事实存在的可能性比另一方大，就可判决一方胜诉。《最高人民法院关于民事诉讼证据的若干规定》第73条规定：“双方当事人对同一事实分别举出相反的证据，但都没有足够的依据否定对方证据的，人民法院应当结合案件情况，判断一方提供证据的证明力是否明显大于另一方提供证据的证明力，并对证明力较大的证据予以确认。”“因证据的证明力无法判断导致争议事实难以认定的，人民法院应当依据举证责任分配的规则作出裁决。”

现在，金巧、林浩、林壮的举证都只能证明50%的可能性，没有办法证明孩子是林浩的可能性比孩子是林壮的可能性更大，法官经自由心证，判决由兄弟两人各半分担孩子的抚养费，也是公平合理的。

法点链接：

①《中华人民共和国民事诉讼法》第56条：“对当事人双方的诉讼标的，第三人认为有独立请求权的，有权提起诉讼。

“对当事人双方的诉讼标的，第三人虽然没有独立请求权，但案件处理结果同他有法律上的利害关系的，可以申请参加诉讼，或者由人民法院通知他参加诉讼。人民法院判决承担民事责任的第三人，有当事人的诉讼权利义务。

“前两款规定的第三人，因不能归责于本人的事由未参加诉讼，但有证据证明发生法律效力的判决、裁定、调解书的部分或者全部内容错误，损害其民事权益的，可以自知道或者应当知道其民事权益受到损害之日起六个月内，向作出该判决、裁定、调解书的人民法院提起诉讼。人民法院经审理，诉讼请求成立的，应当改变或者撤销原判决、裁定、调解书；诉讼请求不成立的，驳回诉讼请求。”

女儿血型之谜

关键词 隐瞒妻子人工授精　离婚时人工授精子女的抚养

一次偶然的机会，王欢发现，女儿安安的血型是A型，可她和丈夫李雷的血型都是O型。有一些医学常识的人都知道，按照遗传学规律，父母都是O型血，是不可能生出A型血的孩子的。可女儿确实是她和李雷亲生，这究竟哪里出了问题呢?

王欢和李雷是高中同学，李雷大学读的是医学专业，毕业后分配到了当地的一家三级甲等医院。他勤奋钻研，医术精良，是该医院脑外科的重点培养人才。王欢人长得很漂亮，但学习成绩一般，职高毕业后，到当地的一家五星级宾馆工作，几年后做了大堂经理。

王欢是一个非常传统本分的女孩子，她对李雷的感情始终如一。

还在李雷上大学时，王欢就经常利用假期到李雷的学校，两人和所有的大学恋人一样，出双入对，夜晚在美丽的河边耳鬓厮磨，有时还到学校附近的宾馆开小时房。无论在精神上还是肉体上，两人已经无法离开彼此。好几次两人一时冲动偷吃禁果后，王欢都会担心毫无安全措施的情况下，自己会不会怀孕？好在每次都是有惊无险，每月的例假总是正常到来。

李雷大学毕业，两人经过多年的爱情长跑终于结了婚。婚后的生活是宁静而温馨的。李雷是家中的独子，父母希望能早点抱孙子，所以，李雷和王欢约定，结婚后就要孩子。经过小两口的不懈努力，结婚两年后，王欢终于怀孕了。怀孕期间，尽管李雷医院的工作很忙，一天要做好几个手术，但他总是抽出时间陪伴妻子。王欢在李雷的细心呵护中顺利产下了他们爱情的结晶——女儿李安。

女儿安安在王欢和李雷的爱护中健康成长。一晃十年过去了，这天，安安放学回家，母女俩一起吃晚饭，李雷因为在医院值班，照常缺席家庭晚饭。吃饭时，安安的一番话彻底改变了一家人的生活。安安一边吃饭一边兴奋地告诉妈妈：“妈妈，今天我们上生物兴趣课，老师给我们做血型实验，可有意思了。老师还让我们自己给自己验血型，妈妈，你猜我是什么血型？告诉你，我是A型血。”王欢不以为然地笑着马上反驳女儿：“别瞎闹了，怎么可能呢？我和你爸爸都是O型血，按照遗传学规律，父母都是O型血，是不可能生出A型血的孩子的。你肯定上课没认真做实验，把别的同学的血和你的搞错了吧，你肯定是O型血，不可能是A型血。”

确实，懂得一些医学知识的人都知道，按照血型遗传定律，父亲、母亲都是O型血，是绝对生不出A型血的孩子的。所以，王欢断定孩子上课没好好做实验，得出了错误的结论。但是，安安却感到非常委屈，她坚持说自己没有搞错。孩子倔强地说：“我就是A型血呀！你要不相信，就去问我们老师。”“好了，好了，快吃饭吧。”王欢没把孩子的话当真，等孩子扒完最后一口饭，就开始收拾桌子。

晚上，孩子睡下了，丈夫李雷回来了。每次，只要手术做得成功，李雷都会很高兴。夜班回来，总会吃点妻子做的夜宵，喝点酒放松一下一天紧张的神经。这天，王欢一边给丈夫准备夜宵，一边和丈夫唠起了嗑，两人的话题总是离不开女儿。王欢忽然想起女儿饭桌上说的话，就问李雷：“哎，你到底是什么血型？”“O型啊。我们俩不是一样的血型吗？所以我们才那么般配呢。”“孩子今天在学校做血型测试，结果，安安说测出来自己的血型是A型，你这当医生的倒说说看，是孩子搞错了，还是怎么回事？”不料，王欢无意识的一席话，却让原本情绪不错的李雷一下子沉下脸来，不耐烦地说：“孩子上课做实验的结果能当真吗？真亏你还是医生的老婆！”说完，没喝几口酒扔下饭碗就去屋里睡觉了。

这对十年来恩爱如初的夫妻，每天总会亲昵一会儿再入睡。今天，王欢明显感觉到丈夫有些心不在焉，就问他：“怎么不高兴了？”李雷轻轻推开了妻子：“我累了，睡觉吧。”这使王欢更觉得不对劲了。为什么自己一说到安安的血型，丈夫就突然不高兴了呢？王欢思来想去，觉得问题有些严重了。对呀，如果安安的血型真的不是O型，那么，丈夫不就会怀疑安安是自己和别人生的孩子吗？这可不是开玩笑的事情。不做亏心事，不怕鬼敲门，为了打消丈夫的疑虑，也为了证明自己的清白，王欢决定，第二天就带女儿到医院验一下血型。

第二天，王欢带着女儿来到了医院，看着医生在为女儿验血，王欢的心情是十分复杂的，甚至有些忐忑不安。她不相信女儿的血型会有问题，但也担心会不会真的发生女儿所说的事情？要真是那样该怎么办？自己不敢再想下去……半个小时过后，验血的结果出来了。王欢急切地打开检查单，上面写的结论，果然是A型血。王欢一下子懵了。难道，安安不是自己的亲生女儿？不可能啊。王欢拿着化验单来到医生的办公室，不甘心地问医生：“我和丈夫都是O型血，有没有可能生出A型血的孩子？”医生的答复是否定的，这绝不可能。其实，这个答案王欢早就知道。

女儿如果真不是自己亲生的，那么，唯一的可能就是在产房里，医院抱错了孩子。王欢一时没有了主意，她拿着报告，急匆匆去找丈夫李雷。李雷正在做手术，王欢只好在手术室门外焦急地等待，神色比同样等在门外的患者家属还要紧张。手术室的门终于打开了，李雷疲惫地走出手术室。当他转头见到王欢时感到有些突然，皱起了眉头说：“你到这儿来干什么？”王欢焦急地递上孩子的血型检查报告，不知所措地说：“安安果然是A型血，我说，这孩子会不会是当初在产房里给抱错了呀？我们的孩子不可能是A型血的呀！你一定要赶紧到妇产科查一查。你们还有没有十年前的档案啊？”李雷听了也是一愣，对王欢说：“我刚做完手术，很累，你能不能让我安静一下？”说着，抛下茫然无措的妻子走了。李雷的反应，让王欢觉得自己担心的事情终于发生了，丈夫的态度不是明摆着已经怀疑自己背叛了他，安安不是他的孩子，是自己和别的男人生的孩子吗？王欢想，自己生的孩子是谁的，这种事情只有自己最清楚，除了李雷，自己没有过第二个男人，孩子还能是谁的？可是，现在纵使有一百张嘴也说不清了，怎么办呀？必须搞清楚孩子是不是出生时抱错了才能还自己的清白。而且，如果事情真是这样，那自己的亲生孩子也必须尽快找回来。看来事情的严重程度远远超出了自己的预想。

但是，孩子出生已经十年了，王欢还能查清楚吗？医院还有档案材料吗？而且，王欢生孩子的时候，李雷就已经是这家医院的医生了，妇产科的医生、护士都熟悉啊，李雷每天往妇产科跑，怎么可能把他们的孩子抱错了呢？

王欢当即来到了妇产科，询问："由于孩子血型不符，现在怀疑孩子出生时和别的孩子抱错了，该怎么办？"医生问："是在这里生的吗？孩子多大了？""10 岁了。""哦，那就比较麻烦了。因为我们最多可以查到所有当时在这里出生的婴儿的父母姓名和住址。但是，婴儿有那么多，你必须找到所有这些孩子。找到以后，如果没有人发现自己的孩子也抱错了，那么，所有父母还必须都同意和自己的孩子做亲子鉴定，才可能找出你的孩子。这太难了。况且，你怎么知道孩子就一定不是你的呢？这样，你先去做个亲子鉴定吧。等有了结论，孩子确实不是自己的再想办法吧。"

王欢想，医生的话也有道理。现在，只有先证明安安不是自己生的孩子，确实是抱错了，才能消除李雷和自己之间的芥蒂，然后，夫妻俩同心协力一起去找回自己的亲骨肉。

于是，她回家就与李雷商量，是不是一起去做个亲子鉴定？没想到，李雷却很不耐烦地说："你烦不烦啊！孩子都养这么大了，我们就当她是我们自己的孩子又有什么区别？"但是，王欢执意要去查一查。王欢认为，不证明安安不是我们的孩子，怎么可能找到我们的亲生骨肉呢？李雷有些急了："要去你去，我这么忙，也没有这个时间。"王欢有些诧异，丈夫这是怎么了？对待孩子的事情上怎么如此无动于衷呢？但王欢是打定了主意，一定要去做这个亲子鉴定。

接下来的日子，王欢联系了司法鉴定中心，为她们母女进行了 DNA 亲子鉴定。亲子鉴定的结果需要等待三个星期，这三个星期对王欢来说就是漫长的煎熬。这三周，王欢看着女儿安安觉得既熟悉又陌生，这个与自己亲密无间的孩子难道是别人的？三星期后，亲子鉴定的结果终于出来了。结论却是：王欢是李安 99.99% 或更大的生母或然率，即王欢是李安的亲生母亲，李安是王欢的亲生女儿。拿着这样的鉴定报告，王欢彻底傻了。难道鉴定报告也搞错了？女儿李安确为王欢所生，而王欢生命中只有过李雷这个男人，夫妻两人的血型是 O 型，可女儿却为 A 型，这在遗传学上绝无可能出现的事情竟然在他们的身上出现了。

鉴定报告能证明的是，孩子确实是自己亲生的，却与丈夫没有关系。其实这正是王欢最担心的问题，自己该怎么向丈夫交代？如果孩子的父亲不是李雷，还会是谁呢？王欢失魂落魄地回到了家，抱着女儿痛哭失声。女儿安安懂事地为妈妈抹着眼泪，问妈妈怎么了？王欢不肯说，这怎么能告诉女儿呢？心里的苦水只能往自己肚子里咽。

晚上，李雷回到家后，王欢将亲子鉴定的结果告诉了李雷。丈夫的表现却令王欢有些诧异。李雷并没有表现出很震惊或者很气愤的样子，相反，似乎很坦然，这明显不是一个父亲和丈夫该有的反应啊。难道他早有思想准备？王欢越来越觉得事情蹊跷，一定要弄个水落石出。

在王欢的逼问下，李雷先是默不作声，后来躲躲闪闪。他的一系列异常表现，更加深了妻子王欢的怀疑，这件事一定与丈夫有关。在王欢的一再逼问下，李雷终于说出了发生在 11 年前的往事。

原来，婚后一年多，王欢的肚子始终不见动静，再加上婚前偷吃禁果后也一直有惊无险，这让学医的李雷开始担心自己或是妻子的身体可能有不能生育的情况。先不惊动妻子，李雷一个人到医院做了检查，检查的结果让他的心坠入谷底：由于先天发育不良，李雷完全丧失生育能力。想到妻子渴望孩子的眼神，父母亲抱孙子的急切心情，特别是自己作为一个男子汉大丈夫的自尊心，李雷决定永远保守住这个秘密，包括妻子也绝不告诉。为了达到这个目的，他居然想出了在妻子不知道的情况下给妻子进行人工授精的主意。只要能让王欢怀孕，谁都不会知道这个秘密！

之后的日子，李雷对王欢说：“现在有一种新研制的药水，在过夫妻生活时涂用，可以促进女方怀孕。”王欢信以为真，说：“好呀，那什么时候我们可以试试看。”李雷利用医生的便利条件找来了他人的精液，给王欢涂用后，王欢果然很快就怀了孕。

李雷讲述了实情，并请求王欢原谅[illegible]是一个劲地哭泣。她对自己的丈夫太失望了，做梦都想不到他竟[illegible]法让自己怀孕，而且欺骗了自己11年！这个隐藏了11年的秘密终[illegible]，但李雷和王欢的婚姻也因此走到了尽头。在王欢看来，丈夫把自[illegible]生孩子的机器，没有尊重自己作为妻子的人格。一想到李雷竟然让自[illegible]毫无干系、从未见面的男人生下孩子，王欢实在无法原谅李雷对她[illegible]不想再和这样欺骗自己的男人生活下去，于是一纸诉状告到法院要[illegible]来她是准备放弃女儿安安的，但想到女儿毕竟是自己的骨肉，真的[illegible]儿，她也舍不得。所以，她提出女儿安安由自己抚养，并要求李雷[illegible]精神损害。

李雷也同意与王欢离婚，但他不同意孩子安安由王[illegible]他认为自己与安安也是父女关系。

法院在接到王欢离婚诉讼之后，也觉得很难办！难在如[illegible]断女儿安安究竟是否为王欢和李雷的婚生子女。他们在安安究竟应该归[illegible]养的问题上犯了难。根据相关司法解释，夫妻双方一致同意进行人工授[illegible]，所生子女应视为夫妻双方的婚生子女。[1]但本案的特殊之处是：男方单[illegible]实施人工授精，女方并不知情。这种情况下，女方与孩子是一种天然的母女关系，而男方则因缺乏“双方一致同意”这个条件，而与孩子的关系究竟是否属于父女关系，法律上存在争议。那么，在法律上，李安究竟是不是李雷的女儿呢？

法院经过审理，分析认为：如果女方单独实施人工授精，男方不知情的，所生子女对女方来说是其子女，对男方则不是，男方可不承担义务。反之，本案中尽管人工授精是男方的意愿，女方不知道，但孩子毕竟是女方生育，孩子是女方子女是客观事实；也因为生育这一人工授精的孩子是男方的意愿也是男方的行为造成的，所以，法院经过综合分析，最终认定：安安为李雷和王欢的婚生子女，双方对孩子拥有共同的抚养义务。

明确了安安的婚生子女身份，究竟该由谁抚养安安，双方又争执不下。李雷希望安安归他抚养。他的律师提出：最高人民法院关于贯彻执行民事政策法律的司法解释，其中有一个特别的原则，即双方对抚养独生子女发生争议的，在有利于保护子女利益的前提下，考虑不能生育一方的合理要求。[②]律师认为：李雷没有生育能力，他要求孩子归他抚养，根据最高人民法院的司法解释，抚养权理应归李雷。

但是，王欢的律师认为：李雷在生育孩子这件事情上欺骗了妻子，缺乏基本的道德素养，而且李雷和安安之间没有任何血缘关系。安安10岁，李雷还不到40岁，如果李雷和安安一起生活，其实类似收养关系。《中华人民共和国收养法》规定，无配偶的男性收养女性的，收养人与被收养人的年龄应当相差40周岁以上。法律为什么要做这样规定？原因不言自明。那么，女儿安安究竟该由谁抚养呢？

法院听取原被告意见后认为：过错责任原则是民法的基本原则之一。大体而言，一个人是不能通过自己的过错获得合法利益的，否则，法律惩恶扬善的基本功能就无法发挥了。本案中，李雷显然是有过错的，他隐瞒了人工授精这一事实，使其妻子王欢误以为安安是他们夫妻爱的结晶长达十年。除了对妻子有过错以外，李雷也给女儿带来了一定的伤害。因此，由他来抚养女儿李安，不合乎民法过错责任原则。故判女儿李安归王欢抚养，李雷按月支付抚育费。

双方的最后一个争议，就是李雷该不该支付王欢精神损失费？

王欢认为，自己辛辛苦苦十月怀胎生下孩子，她一直以为孩子是自己和丈夫爱的结晶。可突然有一天，被告知这个孩子不是她和丈夫所生，使自己受孕的竟然是一个陌生男子的精子，那是一种怎样的打击呢？另外，日夜相处在一起的丈夫怎么会用这样的方式来对待自己呢？这也是一种巨大的精神打击。有侵害，就要有赔偿。虽然赔偿也不足以抚慰女方受伤的心灵，但法院应该支持女方提出赔偿的要求。

但是，李雷认为，虽然当初自己是做得不对，没有告知女方真相，使王欢生下了安安，但孩子出生以后，王欢很爱安安，母女之间产生了深厚的感情。既然王欢还要争女儿的抚养权，说明王欢已经完全接受安安是自己的女儿这个现实，怎么还能要求精神损害赔偿呢?

那么，王欢能得到精神损害赔偿吗?

侵权责任法规定，侵害他人人身权益，造成他人严重精神损害的，有权提起精神损害赔偿。[③]法院认为，李雷的行为侵害了王欢的人格尊严，人格权属于人身权益的一种，判令李雷向王欢支付5000元精神损害赔偿。此案终于画上了句号。考虑到本案的特殊性，法院对本案进行了不公开审理，并要求男女双方继续保守秘密，使孩子安安能无忧无虑地健康成长。

洁蕙点评：

本案的当事人李雷，为了满足自己的虚荣心和自尊心，一个高智商又受过良好教育的人，却做出完全漠视妻子人格尊严的事。男女拥有平等的生育权利，任何人都拥有决定自己是否生育孩子的权利（当然，生几个的权利，由于计划生育国策的限制而没有），以及和谁生育孩子的权利。王欢，在完全不知情的情况下与他人生育孩子，丧失了生育知情权，李雷的行为侵犯了妻子的人格权。人格权是人身权利的一种。人身权利，是公民依法享有的与人身直接相关的权利，是公民基本权利的重要部分，它包括生命健康不受侵犯，人身自由不受侵犯，人格尊严不受侵犯，住宅不受侵犯，个人隐私名誉不受侵犯，等等。在我们国家，如果一个人的财产权利受到侵害，受害人只能要求财产受损的赔偿，而不能要求精神损害赔偿。只有人身权利受到侵害时可以得到精神损害赔偿。所以，本案中，法院认为，王欢的人身权利受到侵害，侵权人李雷应给予她精神损害赔偿。

法点链接：

①《最高人民法院关于夫妻离婚后人工授精所生子女的法律地位如何确定的复函》中明确指出："在夫妻关系存续期间，双方一致同意进行人工授精，所生子女应视为夫妻双方的婚生子女，父母子女之间权利义务关系适用

《婚姻法》的有关规定。”

②《最高人民法院关于贯彻执行民事政策法律若干问题的意见》第22条第2款：“双方对抚养独生子女发生争议的，在有利于保护子女利益的前提下，要考虑不能生育和再婚有困难一方的合理要求。”

③《中华人民共和国侵权责任法》第22条：“侵害他人人身权益，造成他人严重精神损害的，被侵权人可以请求精神损害赔偿。”

女孩之死

关键词　老师私拆学生信件　学生自杀的学校责任　奸淫幼女　强奸罪

2012年11月2日，那天不是周末，是孩子们上学的日子。可正在念初一的王倩倩却没有去上学，而是跑到了当地一幢百货大厦的顶楼，纵身跳下，结束了她年仅14岁的生命。在她的腹中，还有一个孕育了近两个月的胎儿。胎儿是谁的？王倩倩是因为怀孕而自杀吗？

王倩倩是一所重点中学的初一年级学生，学习成绩一直是名列前茅。即便如此，她还是没有达到父母的高标准严要求。就在案发前一天，她和父母发生了激烈的争吵。这次数学考试，倩倩只考了83分，知道分数后父母亲十分生气。那天，倩倩回家没复习功课，而是上网聊天，父母就问她："你们班还有谁比你考得好啊？"倩倩不予理睬，继续和网友聊天，父亲就开始批评她，说："隔壁谁谁谁，这次参加全市数学竞赛得了第一名，你看你，考了83分还在网上聊天。"没等父亲说完，母亲走过来把电脑给关了。等母亲转身，倩倩又把电脑给打开了。母亲见她又开了电脑，干脆把插头拔了。倩倩一边哭一边又去插电脑插头，母亲一气之下打了倩倩一记耳光："叫你不要上网，不要浪费时间，你偏不听，好，我让你永远上不了网！"说完，把电脑显示器整个举起来砸了个粉碎。见此情景，倩倩吓得一边哭，一边喊："我永远不想再看到你们！"说完冲出了家门。

那一晚，父母到处找倩倩，终于在一个网吧找到了她。没想到，第二天她没去上学，而是爬上了百货大厦的顶楼跳了下去。得知噩耗，倩倩的父母悲痛欲绝，悔不当初。此时，他们还不知道倩倩肚子里怀有胎儿，只以为是自己对孩子要求太严格，给她压力太大，激烈争吵后孩子才走了绝路。倩倩的父母抱着女儿冰凉的尸体，哭得昏天黑地，万分自责，恨不得和女儿一起去死。可一切为时已晚！

倩倩死后的第二天，倩倩的同学来倩倩家里吊唁。没想到他们对于倩倩死因的一番猜测，完全是另一个说法。他们的话，使倩倩父母知道了女儿生前遭遇的一件更为严重的事情，而且，这件事与倩倩的死肯定有着某种必然的联系。同学们说，倩倩的死可能与学校老师有关。那究竟是一件什么事呢?

原来，事发前几天，倩倩的班主任曾经把她叫到了办公室。最后一节班会课的时候，倩倩回到教室，眼睛哭得红肿，同学们不知道发生了什么事情。班会上，班主任拿着一封信，在全班同学面前宣读了信的全部内容，信上写道："某某同学，你好！今天是情人节，这个节日，本不属于我们这个年龄，但是，我实在控制不住内心的渴望，给你写信，寄上我自己制作的贺卡，祝你情人节快乐！"老师读完信，情绪非常激动地说："我们班的一名成绩优秀的女同学，竟然如此恬不知耻地给其他班的男同学写信，实在是太不知羞耻了！太让我失望了！"说着，老师摘下眼镜掏出手绢使劲擦了擦，然后，用手使劲敲打着讲台说："老师一再告诫你们，不能早恋不能早恋，早恋没有任何好处，还是有同学不听劝告，我希望这是最后一次被我看到这样的事情，今后再也不要发生这样的事情。"尽管老师没有点名，但很多同学猜到，写信的人肯定是王倩倩，不然老师为什么不让她上课，她还哭得眼睛都肿了呢?

第二天，倩倩没有来上课，第三天，便传来她跳楼自杀的消息。所以，来吊唁的同学纷纷猜测，肯定是因为这件事，倩倩承受不住老师的批评，觉得没脸见人了，才自杀的。可信是情人节的时候寄的，那该是2月份的事，现在已经是11月份了，都过去那么长时间了，老师为何要翻老账呢?

倩倩父母听同学们这么一说，原本无比自责的心理得到了缓解，一下转移目标，把失去女儿的满腔怒火转移到了老师身上。他们马上赶到学校，找到班主任老师核实情况，并要求查看倩倩写的那封信。没想到，班主任老师不承认有这件事，说她念的信不是倩倩写的，和倩倩无关。倩倩父母追问："那你为什么要把孩子叫出教室，到你的办公室去接受批评，你究竟为什么批评她呢?"老师说："她有错误我当然可以批评她，现在孩子已经走了，我没有必要把当初她的错误告诉你们。"说完，老师生气地转身走出了办公室。

同学们说的事是真的吗？为何老师要否认呢？

倩倩父母决定查个明白。他们找到校长，把同学们的反映向校长做了汇报。校长派人专门调查此事。原来，倩倩曾经给一个叫徐海涛的男生写过信。老师那天读的信确实是倩倩写的。老师怕她早恋，就批评了她。但老师是怎么拿到这封信的呢？难道是徐海涛向老师报告的吗？对于倩倩父母提出的这个问题，学校方面不予回答。

倩倩的父母连忙找到那个叫徐海涛的男生。徐海涛不愿见倩倩父母，说这事和他无关。后来，倩倩妈妈天天去找他，当他看到倩倩母亲哭得红肿的眼睛和憔悴的面容，觉得他们怪可怜的，就把他知道的一切告诉了倩倩的父母。

原来，倩倩一直喜欢徐海涛，徐海涛比倩倩低一年级，是初中预备班的学生。徐海涛长得非常清秀帅气，学习成绩也非常好，倩倩一直想试图接近徐海涛。但两人不是一个年级，不能经常见面，于是在情人节到来的时候，倩倩写了一封信并随信寄了一张自己精心制作的贺卡给徐海涛，向徐海涛表达朦胧的爱意。结果，信在门卫室被徐海涛的班主任老师看到了，当时徐海涛的班主任觉得在情人节的时候有人给徐海涛写信，而且一看就是一张贺卡，信封上的字又明显是一个女孩子的笔迹，马上警觉起来，把信给截住了。回到办公室，老师随手把信放在办公桌抽屉里，后来，竟然把这事给忘记了。直到大半年后，收拾办公桌时才发现了这封信。拿着这封信，老师把徐海涛叫到办公室，问他："老师可不可拆看这封信?"男生看着信，迟疑了片刻，说："好的。"于是，老师当着徐海涛的面拆了信，就这样知道了王倩倩写给徐海涛的信的全部内容。这时，徐海涛才知道王倩倩曾经给他写过表达爱意的信。现在，回想起以前倩倩见到自己的眼神和表情，是那么充满着期待，可自己当时完全不知道倩倩的心意。但现在，他还来不及向倩倩表示什么，就传来了倩倩自杀身亡的消息。他一直有种感觉，倩倩的死和这封信有关。“倩倩会不会以为是我把信转给老师的呀?”每次想到这里，徐海涛就很不安。

随着倩倩父母的进一步追查，事情就完全清楚了。那天，拆看了倩倩的信后，徐海涛的班主任就把信转交给了王倩倩的班主任。看了信后，倩倩的班主任气愤地把倩倩叫出教室，在办公室严肃地批评教育了她，又在班会上不点名地宣读了信的内容，苦口婆心地告诫全班同学早恋的危害。

知道女儿死前还发生了这样的事情，倩倩父母觉得，尽管老师的出发点是好的，但教育方法肯定是有问题的，怎么能这样在全班同学面前批评女儿呢?这不是把女儿逼上绝路吗?而且，他们刚去找班主任老师核实同学们的传言时，老师甚至还极力否认此事。如果老师真认为自己没错，为什么要否认呢?

接着，倩倩的父母再次找到学校领导，要求学校对倩倩的死亡承担责任。但无论是倩倩的班主任还是徐海涛的班主任都不认为自己的教育方法有问题，他们认为，老师不是私拆信件，是征得学生同意才拆信的；老师也没有点名批评倩倩，老师在全班宣读信的内容，是为了教育学生不能早恋，而且老师也没有点名是倩倩写的信，老师没有错。倩倩自杀只能说明孩子太缺乏挫折的承受力，心理太脆弱。老师对倩倩的死感到很痛心，但老师不应该承担责任。

面对老师的回应，家长请教了律师。律师了解情况后认为老师的说法完全是错误的。这封信的收信人是徐海涛，不是徐海涛的班主任也不是王倩倩的班主任，可现在，信不在收信人徐海涛手里，而在班主任老师手里，这本身就是不正常的。而且，同学们都能证明，老师在倩倩自杀前一天找她谈话，而倩倩哭得眼睛红肿，老师还在全班不点名批评她。这一系列情况充分说明，老师的教育方法存在严重过错，与倩倩的自杀结果之间有因果关系。老师当然应该承担责任，而老师的行为是一种职务行为，他代表了学校，所以，王倩倩的死亡应该由学校承担责任。

可正在双方为此争执不休的时候，突然，从公安局传来一个惊人的消息。

通过尸检，公安机关正式告诉倩倩父母，倩倩生前怀有身孕。怀孕时间是两个月左右。这个消息，对于倩倩父母来说，不啻是五雷轰顶啊！不可能，这怎么可能，孩子只有14岁，那么单纯，那么纯洁，怎么可能？这是接到倩倩自杀噩耗以后第二个让倩倩父母伤心欲绝、不能接受的事实。但这确是一个事实，谁也否定不了。那么，这个胎儿是谁的？倩倩究竟为何而死？看来，事情越来越复杂了。

警察查看了倩倩的邮箱和QQ聊天记录，通过进一步调查，了解到：倩倩在网上认识一个网名为“我会好好爱你”的网友，两人经常在网上聊天，而且从内容来看，关系非常暧昧。倩倩不是暗暗喜欢徐海涛吗？她为何还要在网上与“我会好好爱你”如此亲密呢？这个“我会好好爱你”又是谁呢？

警方立刻找到这名“我会好好爱你”的网友。这个所谓的“我会好好爱你”的男人，年近40岁，真名林小山，已婚，无业。他闲来无事总在网上与年轻女孩搭讪，通过网络认识了倩倩。从聊天记录分析，倩倩可能是在给徐海涛的信寄出后，迟迟得不到回复，而与“我会好好爱你”搭讪起来的。警察分析，她可能每次见到徐海涛，对方对自己没有任何特别的反应，自己的满心期待化为乌有，就自然以为徐海涛不喜欢她，没把她的信当回事。此时，倩倩的心情肯定是万分沮丧。正值青春期的倩倩，内心既有对爱情的渴望，又充满了反叛的精神，加上父母只关心她的学习成绩，不关心她的心理、生理成长，在这样的时候，她在网上认识了“我会好好爱你”。于是，她在网上把一个14岁少女的满心不快和迷惘一一告诉了这个陌生男人。“我会好好爱你”则在网络上不断地给她安慰和鼓励，倩倩从这个陌生男人那里得到了从未有过的关心，很快建立了比亲人还亲的信任。两人在网上交往几周后，便相约见面。据林小山讲，他们见了几次面，每次见面都是倩倩情绪最不好的时候，要么是和父母吵完架，要么是告诉他那个喜欢的男生根本不理她。而林小山每次都用语言宽慰她，使她能振作起来。不过，林小山矢口否认他奸污过倩倩，只承认两人见过面。那么，倩倩怀的胎儿是不是林小山的呢？

警方很快查证，林小山在撒谎，因为经过DNA鉴定，胎儿的DNA特征显示与林小山是亲子关系。在司法鉴定结果面前，林小山不得不承认如下事实：

两个月前的一个星期天，他约倩倩在一家宾馆的大堂见面，当他看到倩倩明显睡眠不足的样子，便问她怎么回事。倩倩说复习功课到晚上12点才睡觉，一直没睡着。于是，林小山就给倩倩开了一个房间，让她去补觉。一开始，林小山让倩倩去睡觉，自己则坐在大堂里等。过了一个小时，倩倩醒来，走出来找林小山，看到林小山坐在大堂里等她，有些感动，主动请他进房间去，两人就这样一起进入宾馆的房间。很显然，倩倩和林小山在一起很轻松、很快乐。她对林小山说："在家里就像坐牢一样，爸爸妈妈总是管这管那，一点自由都没有，只有和你在一起才感觉没有负担，自由自在。"说着，不知不觉，倩倩的头靠在了林小山的肩上。林小山见机会来了，就试着去亲吻倩倩，倩倩没有反抗，他进而脱去倩倩的衣服，倩倩也很顺从，两人就发生了性关系。但林小山一再强调，倩倩是自愿的，他没有强迫她。此后像这样约在宾馆见面过两次，都发生了关系。他没想到会致使14岁的倩倩怀孕。倩倩父母知道鉴定结果后，对林小山恨之入骨，恨不得立刻把他剁成肉酱。他们发誓一定要告林小山强奸罪，还女儿清白。他们推测，说不定倩倩是知道自己怀孕了，觉得无脸面对父母、老师和同学，才选择了自杀。如果是这样，这个男人还要对倩倩的死负责。

那么，林小山是否构成强奸罪呢？关键是看倩倩当时有没有年满14周岁，以及林小山是不是明知倩倩不满14周岁。如果林小山明知倩倩还不满14周岁，而与她发生性行为，不管倩倩是不是自愿的，林小山都构成强奸罪。但是，如果倩倩当时已经年满14周岁，林小山也没有使用暴力、胁迫或者其他手段，是倩倩自愿与他发生关系的，那么，林小山只能受到道德的谴责，而不构成强奸罪。[①]根据户籍资料显示，倩倩的生日是1998年10月3日，据林小山交代的他和倩倩发生性关系的时间跨度是2012年10月至11月，也就是倩倩14岁生日之后。言下之意，林小山极力回避自己和倩倩发生关系时，倩倩还不满14岁的嫌疑。他说，倩倩曾对他说自己已经14岁了，而且倩倩身高1米65，很丰满，根本不像不满14岁。当然，现在的女孩子营养好、发育早也是事实。那么，林小山是否构成强奸罪，关键看警方能否找到他与倩倩在其年满14岁之前发生过性关系，而且他明知倩倩年龄的证据，警方能证明这一点吗？

很快，警方通过倩倩的QQ空间，找到了“我会好好爱你”在倩倩生日的前一天祝贺倩倩14岁生日快乐的留言，而在此之前他们已经在酒店开房，他们第一次的开房记录是2012年9月11日。另外，倩倩腹中胎儿的孕育时间已经超过一个月，可以肯定，在倩倩生日之前，林小山已经与倩倩发生了性关系，而且可以证明，当时，林小山知道倩倩还不满14周岁。

警方很快拘留了林小山，并以强奸罪向检察机关提起审查起诉，经过法院审理，最后判决：林小山构成强奸罪，判处有期徒刑四年。

同时，在审讯林小山的过程中，林小山为了证明倩倩的死和自己无关，他向警方主动交代了倩倩死前写给他的最后一封邮件，这封邮件的发出时间是2012年11月1日的晚上9点35分，这正是倩倩自杀的前一天，也是和父母大吵后离家的那天。这可以认为是倩倩的遗书，遗书中写道：“我实在受不了父母的压力，更受不了老师当着全班同学的面读我写给徐海涛的信。父母对我要求那么高，如果这封信的事被他们知道，真不知道等待我的是什么。我再努力也达不到父母对我的要求，我喜欢的男孩子又令我如此失望，他竟然把我写给他的信交给老师，这个世界还有什么可以让我相信和留恋的，我只有以死来结束自己的痛苦了。谢谢你，曾经给我的关心。请允许我来世再报答你吧。王倩倩。”一个14岁的小女孩，无法承受父母的压力，又以为自己喜欢的男孩不喜欢自己，在这样失落无助的时候，她多么渴望被人关爱，此时，老师没有关心她，父母没有关爱她，结果被这个网上认识的林小山钻了空子。林小山已经为此承担了刑事责任，难道其他人不该为倩倩的死承担法律责任吗?

倩倩父母看着这封邮件，心在为女儿流泪。看来，倩倩的死是几个原因造成的：一是父母的压力；二是老师当着全班同学的面宣读她给徐海涛的信；三是倩倩误以为，是徐海涛把信交给老师，因而彻底失去对人性善良的信任，也失去对美好爱情的向往，从而选择了结束自己14岁的生命。想到这儿，所有人唏嘘不已。

大家都觉得，后面两个原因才是倩倩死亡的主要原因。这两个原因的责任都在学校。作为学校，应该对倩倩的死亡承担主要的责任。

倩倩父母再次委托律师找到学校，交涉此事。学校的律师代表学校表态，学校不应当承担主要责任，最多承担一些补充责任或者道义责任。因为倩倩的死是多方面因素造成的，不完全是学校的责任，父母也有责任。根据教育部颁布的《学生伤害事故处理办法》规定，学生自杀的，学校不承担责任。当然，该办法还规定学校无责任的，如果有条件，可以根据实际情况，本着自愿和可能的原则，对受伤害的学生给予适当的帮助。[②]根据这些规定，学校认为，可以对倩倩父母做一些适当的帮助，但不是承担责任。对于学校的态度，倩倩父母当然不能答应。

倩倩的父母认为，倩倩的自杀与老师私拆信件——准确讲，是利用教师的职权，当着收信人的面拆看他人信件，以及当众变相点名宣读她的私信有直接因果关系。学校在管理上有明显的过错，应该承担主要责任。《学生伤害事故处理办法》第12条规定，学生自杀，学校不承担法律责任的前提是学校已履行了相应职责，行为并无不当。但现在，情况恰恰相反，学校没有履行相应职责，行为完全不当，所以，应该承担责任。

眼看双方达不成一致，学校和倩倩父母根据法律规定，向当地教育局提出，申请帮助双方调解。当地教育局根据申请，指派了专门的调解人员参与调解。[③]调解人员告诉双方，两名教师的教育行为确实不当，也侵犯了学生的通信权，应该对倩倩的死亡承担部分责任。当然，作为王倩倩的监护人——倩倩的父母，没有尽到监护职责，也应承担部分责任。通过调解，最后，学校对倩倩父母做出了30万元的经济赔偿。同时，学校对两名直接责任人，徐海涛的班主任和倩倩的班主任做出除名的决定。这一事件才算得以平息。

洁蕙点评：

生活中真实的“倩倩”去世后，她的父母曾经找到我，希望我能给他们法律上的帮助。学校不希望此事被扩散，因为这对学校的声誉不好，他们曾通过各种渠道阻止“倩倩”父母讨说法，还对“倩倩”的同学们说，不准再说“倩倩”生前被老师宣读了求爱信。我通过我主持的一档电台节目，同时连线家长、律师和青保办的电话（学校拒绝采访），以期通过媒体介入，促使双方合理善后。后来，节目播出后我本人也受到来自某些方面的压力，好在当时几位奉命调查的上级人员，听完“倩倩”的遭遇后无不心生同情而站在了我这一边。他们说：“我们都有孩子，设身处地想想，如果我们的孩子遇到这样的问题，他（她）又该怎么办呢?”最后，由于媒体的介入，上级部门的重视，此事得到了妥善解决。但失去女儿的父母，内心的伤痛是无法抚平的。

因为“倩倩”的案子，我曾查阅过相关的青少年自杀调查统计资料。根据学生自杀的就学阶段的统计数据，初中阶段自杀的学生占到整个中小学生自杀数量的49%，是最高的。小学高年级和初中、高中，是人心理由幼稚单纯转向成熟和复杂的剧变时期。这一转变始于小学高年级，在初中达到矛盾的顶峰，高中生则开始走向真正的成熟，逐渐完成这一转变。根据男女比例分析，女生自杀率高于男生，说明女生更加敏感，抵抗力更脆弱，更需要关心呵护。根据引起自杀的原因分析，占前三位的是：学习压力占16.7%，早恋占12.3%，体罚、自尊心受损和被责备占18%。其中，学校教育不当，占自杀原因的43%，以体罚、批评、成绩排名、早恋处置伤及自尊等几种情况为主。

《学生伤害事故处理办法》规定，学生自杀，学校已履行了相应职责，行为并无不当的，学校不承担责任。所以，尽管调查数据显示，学生自杀的学校教育责任占到43%，但在现实案件判决中，往往很难找到学校没有履行职责的确切证据，所以，很难追究学校的责任，学校往往只承担一种带有补偿和同情性质的道义责任。直到今天，学生安全和心理健康方面的工作仍停留在应付中，发生了悲剧，学校和教师忙于做的事情，是怎样使自己免责。

“倩倩”去世后，我曾去过“倩倩”的家。她房间的小床上铺着粉色的床单，墙上贴着她喜欢的明星照片，写字台上放着她用过的电脑，一切依然是她活着时候的布置。房间最显眼的位置挂着她的遗像，笑容灿烂，眼神放着光芒，对未来充满着美好的向往。看着已逝去的孩子的笑脸，当初，那些忙于推卸责任的成年人，你们的内心真的没有深深的愧疚吗?

法点链接：

①《中华人民共和国刑法》第236条：“以暴力、胁迫或者其他手段强奸妇女的，处三年以上十年以下有期徒刑。

“奸淫不满十四周岁的幼女的，以强奸论，从重处罚。

“强奸妇女、奸淫幼女，有下列情形之一的，处十年以上有期徒刑、无期徒刑或者死刑：

（一）强奸妇女、奸淫幼女情节恶劣的；

（二）强奸妇女、奸淫幼女多人的；

（三）在公共场所当众强奸妇女的；

（四）二人以上轮奸的；

（五）致使被害人重伤、死亡或者造成其他严重后果的。”

②《学生伤害事故处理办法》第12条：“因下列情形之一造成的学生伤害事故，学校已履行了相应职责，行为并无不当的，无法律责任：

（一）地震、雷击、台风、洪水等不可抗的自然因素造成的；

（二）来自学校外部的突发性、偶发性侵害造成的；

（三）学生有特异体质、特定疾病或者异常心理状态，学校不知道或者难于知道的；

（四）学生自杀、自伤的；

（五）在对抗性或者具有风险性的体育竞赛活动中发生意外伤害的；

（六）其他意外因素造成的。”

③《学生伤害事故处理办法》第18条：“发生学生伤害事故，学校与受伤害学生或者学生家长可以通过协商方式解决；双方自愿，可以书面请求主管教育行政部门进行调解。成年学生或者未成年学生的监护人也可以依法直接提起诉讼。”

第19条：“教育行政部门收到调解申请，认为必要的，可以指定专门人员进行调解，并应当在受理申请之日起60日内完成调解。”

妻子自杀之谜

关键词 间接故意杀人 非法侵入他人住宅

一天深夜，警方接警，称有人私闯民宅，入室打砸。接警后，警察赶到报警地点，报案人家中被砸得一片狼藉，可肇事者已经逃之夭夭。报案人告知警方肇事者的地址。凌晨，警察赶到报案人指认的肇事者林晓松的家。警察叫起睡眼惺忪的林晓松调查情况，不料，却发现林晓松的妻子李花此时已经在卧室服毒身亡，身旁是一个空的农药瓶。

案件由此变得十分复杂起来。据林晓松对警方陈述，妻子是在他们夫妻争吵后在卧房服毒自杀的，也就是说，妻子服农药时林晓松就在隔壁房间里。那么，林晓松为什么没有制止妻子的行为？为何不在李花服毒后立即送医院？李花为何要服毒自杀？林晓松为何要去私闯民宅进行打砸？

一开始，林晓松对警方说，夫妻间只是因为一些家庭琐碎小事而争吵。警方追问："什么小事？"林晓松支支吾吾，说是在对孩子教育上夫妻两人产生分歧所以争吵。警察又问："为孩子的事，又何必强行闯到别人家砸东西？"在警察的追问下，林晓松自觉无法自圆其说，不得不交代了事发当晚的情况。

那天晚上，他发现妻子行踪诡秘，怀疑妻子与他人有外遇。为了证实自己的怀疑，便跟踪妻子一探究竟。结果，果然是在自己怀疑的第三者家中找到妻子。两人回家大吵一架，最后，发生妻子服毒自杀的惨剧。那么，李花究竟是否与他人有奸情呢？那个所谓的第三者又是谁呢？

这件事还得从林晓松的经历说起。林晓松出生在农村，早年丧父，母亲把他一手带大。在林晓松13岁那年，母亲改嫁给了邻村一个叫王新军的村民，但五年后母亲又与继父因关系不融洽而离婚。多有变故的成长环境使林晓松养成了内向、沉闷、遇事易冲动的性格。林晓松中专毕业后，认识了李花。李花比林晓松大四岁，像大姐姐一样在生活上关心他，在工作上帮助他。林晓松本来就是一直跟着母亲长大的，多少有些恋母情结，而李花又像母亲一样照顾他，很快，林晓松觉得自己离不开李花了。就这样，一场姐弟恋开始了。很快两人便结了婚，现在，有了一个3岁的女儿。一家三口的小日子过得和和美美，李花把丈夫和女儿都照顾得很好。林晓松和李花结婚后，便随母亲一起住在城郊结合部林母的宅基地房内。生完宝宝后，孩子就由林晓松的母亲来照顾，李花在一家饮水机经销公司当营销员。

林晓松的母亲严红英已经从乡办工厂退休在家，每天过着含饴弄孙的晚年生活。这天，孙女欢欢抱着一个崭新的芭比娃娃说："奶奶，这个漂亮的芭比娃娃是王伯伯给我买的。"严红英好奇地问："哪个王伯伯啊？"欢欢答道："就是王新军伯伯啊。"一听到王新军三个字，严红英打了个激灵，忙问："哪个王新军？王新军是谁啊？"欢欢说："就是妈妈单位的那个伯伯呀，他对我和妈妈都很好。"王新军这个名字触动了严红英内心敏感的神经，难道就是那个已经和自己离了婚的王新军吗？严红英尽管和王新军没有了联系，但是也从以前的朋友那里听到过王新军的只言片语。好像听人说王新军现在发了，在做家电经销的生意。那么，欢欢说的王新军伯伯会不会就是前夫王新军呢？严红英决定去一次李花的单位探个究竟。

打探的结果证实，和自己儿媳妇关系密切的单位领导正是自己的前夫王新军。

严红英万万没有想到，自己的儿媳竟然在自己前夫的公司上班，据说关系还很暧昧。这一切自己和儿子都不知道，儿媳竟然瞒了他们那么长时间，这件事一定要告诉儿子，还要搞清楚他们之间到底有什么见不得人的关系，至少绝不能让儿媳继续在王新军那里干活。

严红英回到家后，把自己了解到的情况告诉了儿子林晓松。林晓松一听也是十分震惊，决心一定要把这件事弄个水落石出！娘俩商量先不打草惊蛇，把事情调查清楚了再商量怎么办。

案发当天，李花说单位有应酬要加班，可能要很晚回家。林晓松不像以前那样糊里糊涂了，他决定跟踪妻子。那天，李花确实又和王新军一起参加应酬。林晓松一直在酒店门外等他们应酬结束。只见李花醉意朦胧地和王新军一起与客人一一握手告别。等客人都走了，他们俩坐上了一辆出租车扬尘而去。妻子不回家，这是要到哪里去？林晓松马上坐上预订的出租车尾随其后。见李花和王新军坐的出租车开进了一片住宅小区，林晓松从门卫那打听到王新军就住在该小区 9 号楼 503 室。林晓松猜测，他们两人一定不是干什么好事，于是，他给自己的一个好朋友李明强打了电话，要李明强马上过来帮忙。朋友一听是帮忙捉奸这事，满怀兴奋和好奇，立刻应允，并称带自己老婆陈丽娟过来帮忙。

半小时后，三人在小区里碰了头。三人决定先由陈丽娟装扮成楼下邻居去敲门。陈丽娟“砰砰砰”拼命地敲门，边敲边在门外说 503 室怎么漏水啊，漏到楼下家里面去了。过了一会儿，王新军出来开门，边开门边问怎么回事。说时迟那时快，李明强从后面冲上去抵住了房门，林晓松顺势推开房门冲了进去。本想直接冲进卧室，没想到妻子就坐在王家的客厅里，尽管头发有些凌乱，但还算穿戴整齐，但明显可见妻子的脸上充满了紧张惶恐的表情。当李花看到从天而降的丈夫，顿时傻了眼，还没等李花反应过来，林晓松上前就扇了她两记耳光，王新军在后面喊：“你们不能闯入我家行凶，你们立即出去！”李花一看这情景夺门而逃。“我在教训我自己的老婆，关你什么事？王新军，我告诉你，想当初你乱搞男女关系，害了我母亲，现在你竟然搞到我老婆头上来了，这个世上，有你没我，有我没你！”几近疯狂的林晓松对随后进来的李明强夫妇说：“给我砸。”三个人抓起电视机和音响就往地上砸。王新军已经认出了冲进来的人正是自己以前的继子林晓松，此时，王新军真有些措手不及，但他故作沉着，对怒气冲天的林晓松说：“我和你媳妇没有任何关系，我们只是工作关系，她到我这里来喝杯茶，谈谈工作，有什么不可以吗?”“谁信你的鬼话?给我继续砸!”直到王新军拿起电话报警，他们才住了手离开。

那么，李花和王新军之间到底有没有不正常的男女关系?李花是否知道王新军和自己丈夫、婆婆之间的特殊关系呢?

这个王新军在与林晓松母亲再婚前，曾经有过一次婚姻，有一个孩子，跟随女方生活。王新军比林晓松的母亲小四岁，用甜言蜜语把林晓松的母亲哄得团团转。丧夫后孤独寂寞的林母认识王新军后没多久就嫁给了他。王新军成了林晓松的继父，这个重新组建的家庭在最初的几年里温馨而融洽。可是，好景不长，五年后的一天，林晓松的母亲意外撞见自己的丈夫王新军正和另一个女人在自己家的床上鬼混，当时，林母气得差点昏过去。据说，当初王新军和第一任老婆离婚，也是因为花心搞婚外恋。现在，林晓松的母亲也无法容忍他的再次背叛，毅然决然地和王新军离了婚。离婚后，王新军所在的村因为纳入城市规划已经被动迁，王新军不仅搬入了动迁安置房，还做起了饮水机生意。但王新军后来一直没有再婚。

案发当晚，从王新军家出来后，林晓松两口子回家之后又发生了什么?为什么李花会死呢?

回到家，林晓松要李花把和王新军的丑事一五一十说清楚，否则没完。一开始，李花坚决否认和王新军有男女关系。只是说两人业务上有联系，关系比较好，今天只是到他家谈工作的。林晓松说：“谁信啊?我已经到你们同事那里打听过了，也问了王新军小区的保安，你和王新军的关系他们都知道，只有我是最后一个知道的。”在林晓松的一再逼问下，李花边哭边断断续续地坦白她和王新军之间的事情。

林晓松比自己小好几岁，从来都是李花像大姐一样照顾他，迁就他，但女人也渴望能小鸟依人般依偎在男人身旁，被呵护、被宠爱。李花在工作中和王新军相处久了，被王新军擅长的甜言蜜语打动。和林晓松沉默寡言、不善赞美自己相比，李花在王新军那里得到了从未享受到的精神满足感。所以，工作时间久了，李花和王新军之间产生了一些微妙的感情，私下约会最多只有两次，就被林晓松发现了。

听完李花的讲述，林晓松声音发颤地对李花说，“你知道王新军是谁吗？他是我的继父！”“啊？”李花愕然。林晓松把母亲和王新军有过婚史的往事告诉了李花。听完林晓松的介绍，李花羞得无地自容，哭得更加伤心。但她坚持说并不知道这层关系，王新军也从来没有说起过。李花说：“我只知道婆婆曾经再婚又离婚，根本不知道你的继父就是王新军啊！”

林晓松根本不相信李花的话。怎么可能不知道？即使李花不知道，应聘的简历上肯定写了家庭成员的名字，还跟王新军走得那么近，王新军怎么可能不知道李花的丈夫是谁？可是，李花哭得像泪人似的，一再说自己真的是不知情，说她只有以死来证明自己了。

林晓松恶语呵斥道：“哭，哭，你还有脸哭，我看你还有什么脸面对我妈，面对女儿？你的确最好死了算了。”李花哽咽地对林晓松说：“我明天就去死。”林晓松却说：“不用等明天，家里就有以前种地用的农药，在堆杂物的房间里。可以一了百了。”听林晓松这样说，李花立马起身到堆杂物的房间，找到了农药。李花手里拿着农药，对林晓松说：“我今天就把它喝了，你也可以满意了。”林晓松恨恨地说：“我看你是没有什么脸面活下去了，还是去死的好。”说完，林晓松抱起被子搬到外屋睡。

李花在房间里一直哭。半夜，林晓松听到妻子在里屋说：“我要喝农药了。”林晓松没好气地说：“喝吧，没人拦着你。”

隔了一会，里屋传出一声瓶子摔到地上的声音，然后就没有声响了。林晓松迷迷糊糊地睡着了，直到警方敲响了他的家门。

民警也找了王新军调查，王新军坚决否认自己和李花有不正当男女关系，而且表现得非常气愤。警察问王新军，是否知道李花是自己前妻严红英的儿媳？面对这一敏感问题，王新军表现得很镇定。他说知道，正是因为知道才不可能发生任何不正常的关系，完全是林晓松误会了。警方问他，李花是否知道这层继父子关系？他承认李花并不知情。

公安机关很快对该案进行了立案侦查，不久报请检察机关。检察机关以林晓松犯故意杀人罪名向人民法院提起了公诉。检察机关的公诉意见认为：林晓松先是跟踪李花和王新军，又强行闯入王新军的家，打了李花，又要李花坦白和王新军的关系，再用言语刺激她，并告诉她农药放在哪里。当李花说要喝农药时，林晓松不但没有阻止，反而继续言语怂恿妻子应该去死，致使李花最终产生自杀念头，喝下农药身亡。林晓松明知上述一系列行为，特别是告知农药放在哪里的行为，极可能造成李花自杀的后果，但他对此持放任态度，最终导致李花自杀的严重后果。其刺激诱发妻子的自杀念头，并对妻子自杀后果持放任态度，在主观、客观上均符合故意杀人罪的构成要件。

林晓松的辩护律师认为：林晓松并没有真的要李花去死的主观故意。因为李花和王新军之间的不正当男女关系，加上王新军和林晓松母亲的关系，使林晓松在感情上无法接受，情绪非常愤怒。在这样的情绪下，说出一些气话，比如，“你去死吧”，都是很正常的。不能因为语言中有死字，就可断定他真要李花去死。第二，李花的死，主要原因是奸情被揭露，又知道王新军和婆婆的关系，觉得无地自容，难以承受丈夫和婆婆的压力而自杀的。如果李花本身不想死，即便林晓松叫她去死，告诉她农药在哪里，她也死不了。第三，李花喝农药不是当着林晓松的面喝的，谁也不知道她到底有没有喝。次日早上，林晓松发现李花已经死亡，也非常后悔，悲痛欲绝。他本身是不希望李花死的，只是一时说了气话。所以，林晓松没有杀人的主观故意，不构成故意杀人罪。

法院经过审理，最后认为：林晓松称李花与王新军之间有不正当男女关系，李花自己生前承认，但李花已死亡，无法印证。对此，王新军予以否认，李明强等人的证人证言不能采信，故无确实证据证明李花与王新军有不正常男女关系。林晓松闯入王家，也没有取到确实证据，证明两人有通奸行为。回家后，林晓松以言语刺激李花立刻去死，并告知放农药的位置，林晓松应该预见到妻子有可能自杀身亡的后果，但他却采取了放任的态度，符合间接故意杀人罪的构成要件，但鉴于被告人在激愤情绪下间接故意犯罪，犯罪的主观恶性较小。同时考虑到，林晓松认罪态度较好，主动交代案发经过，酌情予以从轻处罚，判处被告人林晓松有期徒刑三年，缓期四年执行。

林晓松恨自己啊，一时冲动酿成了如今无法挽回的后果。妻子永远离自己而去，落得现在家破人亡，也让年幼的孩子失去了妈妈，真是后悔不已啊！林晓松到现在才明白，无论发生什么事情，只要生命还在，一家人还在一起，就没有过不去的坎。他接受了法院判决，没有上诉。

林晓松带着愧疚、失落、哀伤的心情回家与母亲、女儿团聚。可平静的日子刚刚开始，又突然接到了法院的传票，被告知，王新军提起刑事附带民事诉讼，以非法侵入他人住宅罪起诉他和李明强夫妇，并要求他们三人对损坏的家电、家具承担2万元赔偿责任。

法庭上，王新军说，他和李花只是正常的工作关系。那晚，李花和他正在家里谈工作、聊家常。林晓松撞门进来时，他们正坐在客厅里聊天，所谓"捉奸"纯属无稽之谈。林晓松以子虚乌有的"捉奸"为名，私闯民宅，打坏他家的家具、家电，也逼死了李花，实属犯罪行为。其实，林晓松的行为已经造成了自己名誉的损失，但考虑到法律对此没有明文规定，所以，自己只能追究其非法侵入他人住宅罪行，以及赔偿财产损失的民事责任。旁人都说，王新军此举的目的，是想给林晓松非法侵入他人住宅的罪名，来挽回自己的名誉和面子。那么，林晓松的"捉奸"行为是否构成非法侵入他人住宅罪呢？

非法侵入住宅罪，是指违背住宅内成员的意愿或无法律依据，进入公民住宅，或进入公民住宅后经要求退出而拒不退出的行为。非法侵入住宅罪，不同于一般的私闯民宅，它必须达到情节严重，严重妨碍了他人居住安全与生活的安宁。刑法第245条第1款规定："非法搜查他人身体、住宅、或者非法侵入他人住宅的，处三年以下有期徒刑或者拘役。"

法庭上，林晓松等三人认为，他们的行为确实不当，但目的不是要侵入王新军的住宅，而是为了"捉奸"。俗话说"捉贼捉赃，捉奸拿双"，而当时李花也确实在原告家中。即便他们的行为属于非法侵入住宅，但还没有到法律规定的情节严重到妨碍他人居住的程度，故愿意对损坏的家具进行赔偿，但不认为构成犯罪。王新军的律师认为：林晓松等三人冒充邻居，骗取王新军打开房门，未经同意，擅自冲进房间，后又将电视机音响等家电砸坏，当然属于情节严重。根据最高人民检察院司法解释中的规定，非法强行侵入他人住宅，毁损、污损或搬走他人生活用品，严重影响他人正常生活的，构成非法侵入他人住宅罪。林晓松等三人的行为完全符合这一条规定，属于情节严重，故应依法认定构成非法侵入住宅罪。[①]

法院经过审理采纳了原告律师的观点，认为林晓松等三人无法律依据，进入他人住宅，并损毁家具，情节严重，已构成非法侵入住宅罪。根据刑法第245条规定，判决主犯林晓松拘役三个月，从犯李明强、陈丽娟拘役一个月，并赔偿原告财产损失2万元。

三被告均不服一审判决，提起上诉；二审驳回上诉，维持原判。之后，三被告人被分别拘役，林晓松一个人承担了对王新军的2万元损失赔偿。

洁蕙点评：

当林晓松知道妻子与人通奸，还知道通奸的对象是自己的以前继父的时候，他所做的事是去“捉奸”，然后回家和妻子大吵一架，说了一些让妻子去死的气话，晚上分床而睡。这些举动，似乎都是人之常情，每一个遇到这种事的丈夫极可能都是这样的反应，万万没想到竟然构成了故意杀人罪和非法侵入他人住宅罪。

故意杀人罪分为直接故意杀人和间接故意杀人。直接故意杀人是指：明知道自己的行为必然导致他人的死亡，仍然希望和积极追求这种结果的发生。比如，一个人要害死另一个人，买了毒药放在饭菜中，把对方毒死。这是直接故意杀人，这个人积极主动实施了杀人行为。间接故意杀人是指：明知道自己的行为可能导致他人的死亡结果的发生，但是还放任这种结果的发生。比如，林晓松当时应该能够预见到妻子的自杀，但他对这种结果持放任的态度，结果妻子真的自杀了，所以，法院认为他已经构成间接故意杀人罪。当然，直接故意杀人要比间接故意杀人的主观恶性大得多，处罚也更重。

本案中，林晓松遇到妻子与继父通奸这样的事，委屈、愤怒、痛苦是难免的，不委屈、不痛苦那也是不正常的。但是，遇到这样的事时，究竟应该怎么处理呢？只有强压心中愤怒，冷静对待，才可能处理好。这个案例提醒我们，遇到再委屈的事，也一定要保持冷静，冲动是魔鬼。

法点链接：

①《人民检察院直接受理的侵犯公民民主权利人身权利和渎职案件立案标准的规定》第6条第3款："非法强行闯入他人的住宅，影响他人正常生活和居住安全，具有下列行为之一的，应予立案：

1. 非法强行侵入他人住宅，经要求或教育仍拒不退出，严重影响他人正常生活和居住安全的；

2. 非法强行侵入他人住宅，毁损、污损或搬走他人生活用品，严重影响他人正常生活的；

3. 非法强行侵入他人住宅，停尸闹事，严重影响他人正常生活的；

4. 非法强行侵入并封闭他人住宅，致使他人无法居住的；

5. 非法强行侵入他人住宅，引起其他严重后果的。"

十年后发觉的强奸案

关键词 刑法的追诉时效　强奸罪

有一对夫妇，男的叫李根子，女的叫黄玉霞，两人结婚十年来，老是为一些鸡毛蒜皮的家庭琐事争吵。最近，这两人争吵的主要焦点是，丈夫李根子因外人都说儿子小强与他长得一点都不像，怀疑孩子是妻子与别人生的，回家跟妻子闹。这可把黄玉霞气得要死，但妻子黄玉霞以死承诺，自己是清白的，没有任何可能与他人有染。

2001 年，李根子夫妇结婚后就从老家来到这个小城市打工。两个人的性格都十分暴躁，动不动就会为一些鸡毛蒜皮的事吵架争执。结婚十年来，可以说小吵天天有，大吵三六九。现在，孩子都已经 10 岁了，两人还总是吵架。而儿子小强的性格倒是与父母完全不同。小强性格内向，不爱说话。除了性格，小强的长相也与父亲李根子一点都不像。李根子皮肤白净，国字脸，眼睛大大的，鼻梁挺挺的；而儿子小强呢，皮肤黑黑的，鼻子塌塌的，眼睛小小的，不像爹也不像妈。外人都在暗地里说，李根子的孩子会不会不是他的。这话也传到了李根子的耳朵里，自此，夫妻两人每次为琐事吵架。只要小强不在场，李根子总要扯上小强不像自己的话，言下之意怀疑妻子和别人生了孩子。这些伤感情的话让妻子黄玉霞气得要死，死活要让李根子带着孩子去做亲子鉴定。李根子当然想弄个明白，于是，这天，李根子骗儿子小强说和爸爸一起去做个体检，就带着孩子去做了亲子鉴定。几周后，鉴定结果出来了，两人没有亲子关系。拿到这样的鉴定结果，李根子是火冒三丈，看来，外人瞎猜不是没有依据的，现在事实证明孩子不是自己的，看你黄玉霞还怎么狡辩?!

回到家，夫妻照例大吵一场，这当然是他们夫妻十年来吵得最厉害的一次。妻子黄玉霞看到这个鉴定结果也惊呆了，她连连说：“这，这绝对不可能，绝对不可能，肯定是鉴定搞错了。”并且她对李根子发了毒誓，除了李根子没有第二个男人，如果有，那她将不得好死。看着妻子委屈的样子，李根子暴怒的情绪开始渐渐冷静下来，是不是鉴定机关真的搞错了？但是，这么重要的事情，鉴定机关怎么会搞错呢？而且，小强确实一点都不像李根子啊！黄玉霞说：“那会不会还有一种可能，就是孩子在出生的医院被抱错了?”听妻子这样分析，李根子觉得，看来只有这种可能了。两人决定，明天就去找接生小强的那家医院。

第二天，两人来到了这家医院妇产科，对医生说了亲子鉴定的结果，怀疑自家孩子被抱错了，问之前有没有人家也来问过同样的问题。医生说没有，他们这家医院开了二十多年了，还从来没有出现孩子抱错的事情。医生还说：“你们只出具了孩子不是男方的证明，只有证明这个孩子既不是男方的也不是女方的，又是在我们医院出生的，才能说明是医院搞错了，我们才能帮你们查这件事。”

听医生这样说，李根子夫妇觉得也有道理，为了给医院一份完整的证明，他们决定再去做一次亲子鉴定，这次是一家三口一起去。李根子以为，鉴定结果肯定孩子不是他们夫妻的，这样就能去医院查，快点找回他们自己的孩子。几周后鉴定结果出来了，出乎他们的意料，鉴定结论是：小强不是李根子的儿子，但却是黄玉霞的儿子，也就是说小强是黄玉霞与别的男人生的孩子！面对这样的结论，李根子和黄玉霞都震惊了。黄玉霞一边委屈地号啕大哭，一边说不想活了，老天爷为何要如此作弄自己，现在自己百口莫辩，只有以死来证明自己的清白了。这次，无论妻子如何说自己清白，李根子也不信了。李根子说：“之前我相信了你，觉得你不是那样的人，现在，铁证如山，你还怎么说？你告诉我，小强究竟是你和谁生的孩子?”面对李根子的厉声质问，黄玉霞真的快崩溃了，她坚持自己是清白的，除了李根子，她没有任何男人。李根子不无讽刺地说："哼！从来没有和我之外的其他男人有半点关系，那生下的孩子怎么会不是我的呢？难道还真有神话里说的，做个梦也能生出孩子？"两人一路争执着不知不觉到了家门口，他们意识到如果进屋后继续吵架，被小强听到不好。在门外，李根子还算理智，他对黄玉霞说："这事最好不让孩子知道，这样对孩子不好。咱们的事情自己解决，孩子面前不提这事。"在这个问题上，夫妻达成了一致。这件事的确蹊跷，妻子坚持说自己是清白的，但孩子却不是她丈夫的，妻子究竟有没有说真话呢？

回到家，小强正在埋头做功课，见到爸爸妈妈满脸憔悴回到家，孩子懂事地给爸爸妈妈倒了两杯水。这时，黄玉霞实在忍不住抱住孩子失声痛哭。见妈妈哭得那么伤心，孩子意识到这次父母吵架闹大了。从小到大，父母吵架对小强来说已经司空见惯了，但妈妈这么伤心还是第一次。

晚上，安顿好小强睡觉，两口子怎么也睡不着，他们已经没有力气再吵架了，各自想着心事。李根子冷静下来看着面目憔悴的妻子，黄玉霞也眼神迷茫地看着李根子，他们似乎都在思索着这到底是怎么回事。黄玉霞的脑海里一直回闪着李根子的一句话："难道做梦也能生出孩子？"黄玉霞开始慢慢回忆起十年前怀上小强前后的那段日子，她不由得惊出了一身的冷汗，莫非跟那件事情有关系？

记得十年前，那是一个夏天的夜晚，比较炎热。夫妻俩新婚不久，为琐事大吵了一架。那时他们刚从老家来这里安家，租住在沿街的一个老房子里，隔壁住着几个老乡。那天吵架，李根子一气之下一脚把门给踢坏了，锁不上了。有一个爱喝酒的老乡老张听到他们吵架，特地带了两瓶二锅头，说是来找李根子喝酒，实际是来给他们劝架。正在火头上的这对夫妻也暂停吵架，借酒浇火。黄玉霞是不会喝酒的，这回也一起喝，喝得昏昏沉沉，三个人喝光了两瓶二锅头。老张喝得歪歪扭扭地离开了他们家。夫妻俩也是醉意朦胧地准备睡觉。由于被踢坏的门怎么关都关不上，那晚，他们门也没关就睡觉了。尽管喝多了，但彼此心里的气还没有消，李根子坚决要睡里面的小房间，黄玉霞就一个人睡卧室。他们住的是那种老式的套间，门口直接连着卧室。

就这样一夜昏睡到天亮，第二天一早，两人各自起床，李根子还是阴沉着脸。黄玉霞做好早饭让他吃，他没好气地说不吃。黄玉霞说："你怎么还在生气啊？你昨晚不是已经到我床上来和我那个了吗？怎么到了白天又要吵？"李根子听黄玉霞这么说，连忙反驳："你梦游吧，谁和你那个了。"说着说着两人眼看又要吵起来。这时，黄玉霞突然发现放在桌上的手机和钱包不见了，怎么找都没找到，夫妻俩这才意识到，由于没关房门，半夜家里被小偷光顾了，手机和钱包被人偷了。两人终于顾不上争吵，立刻报警。

黄玉霞记得，他们报警后两个月，警察通知他们，小偷在向别人卖偷来的手机时被抓住了。通过审讯，小偷交代了作案的经过。他是一个惯偷，经常半夜潜入人家家里盗窃，其中就有李根子家。黄玉霞依稀记得这个小偷叫郭军。他当时交代，看到李根子家门开着就偷偷溜进去了，拿走了桌上的手机和钱包就跑掉了。后来这个郭军因盗窃罪被判了刑。不久，黄玉霞就怀孕了，他们也搬了家，这件事就渐渐被淡忘了。黄玉霞回忆到这里，猛然意识到，难道那天，小偷不仅偷了钱和手机，还……那天晚上，因为喝多了酒，全身无力，睡得昏昏沉沉。睡梦中黄玉霞感觉有人在她身上摸索，但她的意识一直不清醒。她以为在她身上摸索的是丈夫李根子，可第二天早上，李根子无意中又说没有到黄玉霞的床上去。黄玉霞以为丈夫是故意要赖不认账，所以发现家中失窃后，两人忙着报警，也就忘了这件事了。难道，那天在自己身上摸索的男人真的不是自己丈夫？

想到这里，黄玉霞的身子像是被雷电击了一下，猛地跳了起来，一把抓住李根子，问他："你还记不记得，十年前，小偷来偷东西的那个晚上，你记得不？"李根子说："我记得，咋不记得？我也正在想这件事呢。"黄玉霞问："那晚你究竟有没有到我床上来？"李根子想了半天，说："那天我也喝多了，我只记得第二天你说我晚上到你床上和你和好了，我说你胡说八道，我们差点又为这事吵起来。"说到这里，李根子也情不自禁地"啊"了一声说："你是说，那天晚上到你床上来的不是我而是别人?"夫妻俩想到这里，都觉得不寒而栗，但分析来分析去，看来只有这种可能了。孩子就是那次怀上的，难道孩子会是小偷的?！他们一夜无眠，商量着如果孩子真是那个小偷的，那该怎么办？可这件事已经过去十年了，还能找到那个小偷吗？还能去告那个小偷吗？他们不知道答案，于是决定请派出所帮着查一下。

第二天，夫妻俩到派出所报案，说十年前的入室盗窃，可能还涉及强奸。当时不知道，现在孩子已经10岁，很可能是小偷的小孩，要求民警追查。接案的民警是个年轻人，他听了夫妻俩的报案，根本不信。什么？十年前被强奸了，现在才知道？民警觉得这怎么可能，心里想，肯定是丈夫知道孩子不是自己的，妻子便以被人强奸来掩饰，这谎也撒得太离谱了吧，只有这样傻的丈夫才信。于是，民警劝他们回去好好过日子，不要疑神疑鬼。夫妻俩是老实人，他们见民警不受理，也没办法，只好回去了。一路上，李根子又开始埋怨黄玉霞，说黄玉霞真是个白痴，被人强奸了还不知道。黄玉霞反驳："谁让你那天踢破了门？我们不吵架，你不踢破门，隔壁老张也不会来让咱们喝酒。咱们不喝醉，也完全不可能发生这样的事情啊！"他们谁也说服不了谁，黄玉霞说着就哭了起来。那段日子，夫妻俩经常会呆呆地看着10岁的小强，仿佛这个从小养大的孩子一夜之间成了一个陌生人，想到小强竟然是小偷入室盗窃顺便占便宜的结果，李根子和黄玉霞心里怎么都不是滋味。什么叫窝囊、难受、有苦说不出？李根子和黄玉霞当时就是这样的心情。这件事，派出所的警察根本不信，那个强奸犯也依然逍遥法外，想到这儿，李根子更不是滋味。这事情要是被传出去还不叫人笑掉大牙？这日子还怎么能过下去呢？

没想到，一个月后，李根子接到了派出所的电话，说是派出所的领导要见他们，这让李根子喜出望外。原来，当时派出所接待他们的民警在打发他们走了以后，就津津乐道地向同事们讲起了自己遇到的这件事。这样的花边新闻以最快的速度传到了派出所领导那里，这位领导就是十年前处理李根子家盗窃案的办案警察。职业敏感的神经使他没有轻易放过此事。他先把那位年轻的警察叫到办公室问清了情况，并批评了他，要他赶紧去把李根子夫妇找来。李根子夫妇就这样见到了十年前替他们破案的警察。知道当年曾经帮助他们的警察现在是派出所的所长，李根子夫妇激动万分，千言万语化作一句话："领导啊，你还得帮帮我们啊！"派出所领导了解情况后，马上派人查阅当年的档案记录，当年入室盗窃的罪犯确实叫郭军，获刑四年。郭军早在六年前就已刑满释放，之后去了哪里不得而知。警察立刻驱车赶到郭军的户口所在地查找，此人刑满释放后未回过原籍，其父母、亲友也不知他现在何处。线索查到这里就断了。

怎么办？还要不要继续查？有人说，这事都过去十年了，案子都已经结了，还有必要查吗？但是派出所领导认为，坚决要查。为什么？这里就涉及刑法的追诉时效问题。①追诉时效是指犯罪分子的犯罪行为一直没有被发现，等到被发现的时候已经超过追诉期限了，就不再追究他的刑事责任。这个追诉时效的期限是根据各种犯罪法律规定的刑罚的轻重不同而不同的。一种犯罪行为，刑法规定应该判的最重的刑罚为5年以下有期徒刑的，5年之内被发现，就还在追诉时效之内；5年之后被发现，就过了追溯时效期限。这就是说，法定最高刑不满5年的，追溯时效期限是5年。法定最高刑为5年以上不满10年有期徒刑的，追诉时效期限为10年。这就是说，如果一种犯罪最高可判7年的，那么，只要10年之内被发现，就还在追诉期内。法定最高刑为10年及以上有期徒刑的，追诉时效的期限为15年。法定最高刑为无期徒刑、死刑的，追诉时效的期限为20年。当然，如果20年以后认为必须追诉的，报请最高人民检察院核准后，仍然可以追诉。那么，根据刑法对强奸罪的规定，郭军一旦被确定构成强奸罪，根据他的强奸罪的犯罪情节应判刑罚的最高刑为10年，对于他犯罪的追诉时效应为15年。所以，现在还在追诉时效内，不能放过他，让他逍遥法外。很快，公安机关就在网上发出了通缉令。那么，郭军究竟现在何处？还能找到他吗？孩子究竟是不是他的呢？

李根子夫妇在这样的煎熬中等待了将近一年。一年后，传来了消息，找到郭军了。通过外地警方的协查，在一个建筑工地发生的斗殴事件中正好有一个叫郭军的人，经查正是网上通缉的郭军。郭军归案后，极力否认十年前入室盗窃时还强奸了女主人。警方秘密提取了小强的头发等检材，做了 DNA 鉴定，结果确定小强与郭军有亲子关系。面对如此确凿的证据，最后郭军不得不如实供述了十年前隐瞒的犯罪事实。

原来，在十年前入室盗窃的那个夜晚，郭军沿着街道的住户门一家接一家地查看有没有下手的机会。当他发现李根子家的门没关严，就摸黑进入。首先寻找屋里的财物，当他把桌上的手机、钱包放入怀中准备离去时，注意到床上躺着一个熟睡的女人。因为是夏夜，女子没盖被子，穿着单薄，郭军顿起邪念。该女子身上一股酒味，估计是喝醉了，竟然没有发现他，甚至神志不清中还把郭军当成自己的丈夫，就这样被郭军占了大便宜。之后郭军穿上衣服离开了李根子家。而这一切，在里屋酣睡的李根子全然不知。后来，郭军因入室盗窃被警方抓获，由于没人指控他还犯有强奸罪，他也就没有主动交代这一犯罪情节。他还暗自庆幸自己白占了便宜，至于被自己强奸的女人竟然怀孕还生下了孩子他完全不知道。根据郭军的口供和 DNA 鉴定结论，法院最后判决郭军构成强奸罪，判处有期徒刑十年。郭军受到了法律应有的惩罚。

在对郭军进行审判的法庭上，黄玉霞作为受害人出庭，李根子也旁听了半场审判。为什么是半场审判？因为在法庭上，李根子一见到郭军，忍不住要冲上去打郭军，后被法警制止住了，被法警带离了法庭。黄玉霞在法庭上也是声声哭泣，她一直重复的一句话是：“孩子怎么办？”是啊，小强怎么办？究竟要不要告诉他真相？大牢内的郭军是否要承担孩子的抚养费用？因为从法律亲子关系的角度来说，郭军才是小强的亲生父亲，李根子不是小强的父亲，他无需承担法律上的抚养义务。为这件事，办案警察、检察官和法官商量了很久，大家都很关心小强的健康成长，想妥善处理此事。一开始得知孩子不是自己的时候，性格本来就暴躁的李根子非常愤怒，他甚至想要和黄玉霞离婚，还要主张这十年对孩子抚养的经济损失和精神损失。后来确定孩子是强奸犯的，李根子也是极度抓狂，认为妻子黄玉霞简直是一个傻瓜，一再埋怨她。但是，民警、法官、检察官都跟李根子说同样的一句话：“如果你们夫妻不吵架，你不把家门给踢坏，坏人怎么有可乘之机呢？是你们夫妻不和，让外人钻了空子、占了便宜啊！出了这样的事情，你的妻子比你还要痛苦，而且这种痛苦将终生难以抹去，如果你不能够原谅她，她可能连活下去的勇气都没有了。”这话终于让李根子猛然醒悟。想想妻子与自己外出打工这十几年的艰辛，他开始反省自己的过失，决定和妻子一起来承担面临的困难。他们确实一度很纠结：“究竟该如何处理与孩子小强的关系？”但面对天真纯洁的孩子，想到孩子是无辜的，怎么忍心让孩子知道丑陋的真相？所以，黄玉霞和李根子最后想明白了一件事，那就是绝不能让小强认郭军做父亲，绝不能让孩子知道自己的身世。夫妻两人从来没有像现在这样意见一致过，他们决定永远保守这个秘密，也发誓再也不吵架。因为一吵架保不准谁又会说出什么难听的话，让孩子听出什么秘密。

本来，从法律上讲，他们是可以要求郭军承担小强的抚养费的，但是因为决定永远不让小强知道真相，也永远不认郭军做父亲，更何况郭军还在监狱里，根本没有抚养能力，李根子夫妇决定干脆放弃提抚养费的要求，就当小强是他们自己的亲生孩子，由他们来抚养。

洁蕙点评：

生活中，由于夫妻不和、家庭不睦，而让外人占了便宜的事情还真不少。还是那句话：家和万事兴，不要因为家庭矛盾而让外人钻了空子。李根子夫妇的教训值得喜欢争吵的夫妻引以为戒。

这个案件涉及的法律点主要是刑法的追诉时效。这里有必要做些补充介绍。我们讲的追诉时效，是指像本案中的郭军强奸黄玉霞那样。郭犯了罪，没被发现，没有人指控，公检法机关根本不知道，到后来才被发现。从犯罪到被发现的时间，如果超过法律规定的追诉期限了，那么，就不再追究当初犯罪人的刑事责任了。也即，如果黄玉霞过了15年才发现儿子不是自己和李根子的，才发现自己曾被郭军强奸，那么，因为过了追诉期限，公安机关不会再追究郭军的强奸罪了。但是，如果郭军在这15年内又犯了其他罪，比如他又犯了盗窃罪，那么，原来的强奸罪的追诉期限从犯新的盗窃罪之日起重新开始计算。

还有，如果郭军强奸黄玉霞被发现了，事后黄玉霞报了案，然而，郭军畏罪潜逃了，过了15年才找到他，这时，是不是过了追诉时效呢？不会。只要公检法已经立案，或者受害人已经报过案了，就没有追诉期限了。即使犯罪人逃到天涯海角，永远要被追查，除非他死亡了。

法点链接：

①《中华人民共和国刑法》第87条："犯罪经过下列期限不再追诉：

（一）法定最高刑为不满五年有期徒刑的，经过五年；

（二）法定最高刑为五年以上不满十年有期徒刑的，经过十年；

（三）法定最高刑为十年以上有期徒刑的，经过十五年；

（四）法定最高刑为无期徒刑、死刑的，经过二十年。如果二十年以后认为必须追诉的，须报请最高人民检察院核准。"

第88条："在人民检察院、公安机关、国家安全机关立案侦查或者在人民法院受理案件以后，逃避侦查或者审判的，不受追诉期限的限制。

"被害人在追诉期限内提出控告，人民法院、人民检察院、公安机关应当立案而不予立案的，不受追诉期限的限制。"

第89条："追诉期限从犯罪之日起计算；犯罪行为有连续或者继续状态的，从犯罪行为终了之日起计算。

"在追诉期限以内又犯罪的，前罪追诉的期限从犯后罪之日起计算。"

谁是爸爸

关键词 死亡赔偿金　不当得利

2011年9月一个周末的上午，天气很炎热，太阳照得人睁不开眼睛。一群五六岁的孩子正在乡间的田野里开心地奔跑着、嬉笑着。其中一个小女孩举着一只小风筝跑在最前面。突然，一辆黑色的轿车从田边小路上冲了过来，一下把小女孩碾压在了车轮下。顿时，鲜血染红了乡间小道，小风筝被碾碎在车轮下。孩子们看到眼前的一幕，都吓得大哭起来。

被撞的小女孩名叫李怡然，6岁，她就这样匆匆离开了人间。可是，这个可怜的孩子即使在离开人世后也得不到太平，有关她的死亡赔偿金引发的纷争四起，而她的出生之谜一时也成了村里最大的新闻，引起了两家人的战争。这是怎么回事呢?

李怡然父亲叫李富贵，母亲叫姚兰妹。李富贵和姚兰妹九年前结婚，他们育有一子一女，除了李怡然外，还有一个9岁的儿子。李富贵在城里做小生意，为了能多挣钱，他常年在外，回家的时间很少，妻子姚兰妹在家带着一双儿女。李富贵倒没有重男轻女的思想，他很喜欢自己的这个小女儿。出事的前一天他刚回到村子里，从城里给女儿买了一只风筝，把小姑娘高兴坏了，第二天早上迫不及待地和伙伴们去田野里玩耍，不料，发生了惨剧。

肇事司机名叫王大雷，是当地一家建筑公司的老板。他刚拿到驾驶执照，就买了这辆崭新的桑塔纳轿车。今天是他第一天开车，还不敢去车来车往的马路上驾驶，就选择在乡间小道上练习驾驶技术。不料，竟然把一个6岁小女孩当场撞死。

救护车和警车赶到了现场，警察勘察了刹车痕迹，给肇事司机王大雷做了笔录，并询问了目击者事故发生时候现场的情况。王大雷也承认了自己当时车速非常快，警察当场做出了王大雷承担全责的事故认定。但这已经无法挽回小女孩的生命，救护车赶到的时候小女孩已经完全没有生命体征了。当看到自己的孩子满身是血的样子，李富贵和姚兰妹瞬间瘫倒在地上。姚兰妹情绪非常激动，几次哭晕过去，不敢相信早上还活蹦乱跳的孩子此刻已成为了一动不动的尸体。她和李富贵一把抓住王大雷，哭喊着要他还女儿。围观的村民里三层外三层，无不唏嘘不已。

看着小女孩染满鲜血的遗体，和村民们谴责的目光，王大雷也内疚不已。但惨祸已经发生，还有什么办法能够弥补自己的过失呢？警察告诉他，因为是在非车辆行驶道路上将人撞死，王大雷已经涉嫌构成过失致人死亡罪，公安机关必须对他先进行刑事拘留。如果在民事赔偿上他能抚慰死者父母的心灵，弥补他们失去女儿的损失，获得他们的谅解，那么，在量刑上会从轻或减轻处罚。王大雷当场跪倒在孩子的遗体前，请求孩子父母的原谅，并说他愿意承担所有的赔偿款。李富贵夫妻能获得多少赔偿呢？

几天后，李富贵夫妻的情绪稍微稳定后，在村派出所里，王大雷的家属和李富贵、姚兰妹在民警的主持下对这起事故的赔偿问题进行商议。通过双方的协商，王大雷家属愿意一次性拿出30万元赔偿。他们当场给了5万块钱让李家先筹办孩子的丧葬事宜，剩下的25万元承诺遗体火化后20日内给付。失去女儿的夫妻俩虽然伤心，但想想家里还有一个孩子在上小学，以后读高中、读大学也要一大笔开支，于是就同意了这个赔偿协议。就在双方准备在调解协议上签字的时候，突然，一个中年男人跑进了派出所，并大声嚷嚷着，声称要参加协商，并说自己才是李怡然的父亲，死亡赔偿金应该给他。他的这句话让所有在场的人都呆住了，这个男人是谁？他真是孩子的亲生父亲吗？

冲进来的这个人是同村的村民赵卫国，今年30多岁，长得人高马大很魁梧，但不愿意外出打工，在家赋闲干干农活，家里穷得叮当响。他早就听说肇事司机愿意巨额赔偿，知道今天双方家属在派出所协商赔偿金的事情就急忙赶过来了。赵卫国对大家说："李怡然是我的女儿!"李富贵惊呆了，大声质问："你的女儿？你和谁的女儿?"赵卫国指着姚兰妹说："这事问你老婆，她最清楚。"这时所有人都看着姚兰妹。是啊，这孩子是谁的，姚兰妹还不清楚吗？只见姚兰妹跳起来，愤怒地扇了赵卫国一个耳光。她脸色发青，说不出一句话来。李富贵一看老婆这个样子，也急了，大声说道："怡然是谁的孩子？是他的吗?"姚兰妹捂着脸大哭起来，委屈地说："他血口喷人。"说完哭着夺门而出。

还沉浸在悲痛中的李富贵听到这话，一下子就火了，冲上前去一把抓住赵卫国的衣领，要打赵卫国，被警察拦住了。赵卫国仍然说李怡然是他的女儿。一旁的李家亲友也不干了，也纷纷围了上来要打这个赵卫国，说赵卫国太缺德了，人家失去了孩子，他还来捣乱。

警察急忙上前阻止，并对赵卫国说："你说你是孩子的父亲，你有什么证据吗?"赵卫国说："六年前，李富贵在外面做生意，我帮姚兰妹干农活，照顾她家里，姚兰妹就和我好了。我手机里还有姚兰妹怀孕时发给我的短信。"赵卫国掏出手机给警察看，手机上的一条短信写着："卫国，我怀孕了，可能是你的孩子。"警察再核对电话号码，确实是姚兰妹的手机号码。赵卫国对警察说："我问过律师了，这赔偿款应该是给孩子亲生父母的，至少里面一半应该要给我。"警察说："看来这事情变得复杂了。这样，反正孩子的遗体还没有火化，现在科技也发展了，建议你们去做个 DNA 鉴定再说。我们可以帮助你们联系司法鉴定所。"

那么，李富贵和姚兰妹会配合做 DNA 鉴定吗？这个不幸的孩子的亲生父亲到底是谁呢?

李富贵听说还要给死去的女儿做亲子鉴定，非常恼火，在场的李家亲友也都反对，说："让孩子早日入土为安吧，别再折腾了。"这时候除了赵卫国以外，没有人愿意看到本来已经解决好的事情突然横生波澜。

但是，赵卫国就是不依不饶。他通过乡法律服务站的工作人员告诉李富贵夫妇，按照 2011 年通过的婚姻法司法解释三的规定，当事人一方起诉请求确认亲子关系，并提供必要证据予以证明，另一方没有相反证据又拒绝做亲子鉴定的，人民法院可以推定请求确认亲子关系一方的主张成立。按照这条司法解释，赵卫国自己完全可以凭当初姚兰妹发给自己的手机短信和其他证人证言，到法院起诉，要求确认自己是李怡然的亲生父亲。如果李富贵夫妇拒绝做亲子鉴定，那么，法院自然就会判决孩子是赵卫国亲生的。李富贵从办案警察那里确认了赵卫国的说法，司法解释确有这条规定。考虑到让赵卫国打官司，必然会拖延时间，为了能让女儿早日入土为安，李富贵夫妇决定做DNA鉴定。

几天后，亲子鉴定结果出来了，李怡然确实是赵卫国的亲生女儿，李怡然和李富贵之间没有血缘关系。司法鉴定的结果把所有人心里的怀疑变成了确定的答案，李富贵傻眼了。他不能接受这个结果，自己抚养了这么多年的孩子竟然是别人的。女儿的死亡赔偿问题也变得复杂起来。

拿到这样的鉴定结果，李富贵家里开始闹得鸡犬不宁。李富贵逼着妻子把事情说清楚。姚兰妹边哭边说出了实情。这要从七年前说起。李富贵和姚兰妹结婚后不久就出去做小生意。一走就是好几个月，生意不好时，回来经常喝闷酒。喝醉之后还会冲着妻子、儿子发脾气，也从来不管他们的儿子。姚兰妹又要操劳家务，又要照顾孩子，辛劳寂寞。就在这样的时候，赵卫国走进了她的生活。赵卫国和姚兰妹年纪差不多大，家里承包了一块地，平时偶尔帮家里种种地，剩下的时间就经常在村子里到处逛逛。他见姚兰妹年纪轻轻就带着个孩子，丈夫又不在家，就经常帮姚兰妹做这做那的。姚兰妹起初非常感激，时间久了，对赵卫国产生了些特别的感情，两个人就这么背着李富贵勾搭上了。当姚兰妹发现怀孕时，她感觉很可能是赵卫国的，就给赵卫国发了短信。赵卫国也不时来照顾她。姚兰妹和赵卫国的这种不正当关系保持了两年，直到李怡然的出生。女儿出生后，没想到李富贵特别喜欢这个女儿，脾气也不像以前那样坏了，在家的时间也比以前多了，这使原本提心吊胆的姚兰妹终于放下了心。姚兰妹因为自己和赵卫国的事对李富贵心存愧疚，于是在女儿出生以后，就和赵卫国断了关系。这个秘密一藏就是七年，直到女儿突然离世，才被捅破。

知道真相的李富贵气得把家里的房门都砸坏了。他恨妻子欺骗他，甚至有了离婚的念头：“你背着我做出这么丢人现眼的事情，还有什么脸面在这个家待下去。”姚兰妹跪倒在丈夫的面前苦苦哀求说：“都怪我当年一时糊涂，做出了对不起你的事情，我知道错了。我是真心爱这个家，爱你和孩子的，如果赶我走，我就只有死路一条了。你就原谅我吧，为了孩子，我们这个家也不能散啊！”儿子也哭着恳求爸爸不要让妈妈走，李富贵看到这一幕，心也软了。他恨自己太粗心大意，过去对妻子太不关心，让外人钻了空子、捡了便宜，要说过错，自己也是有责任的。于是暂时平息心中的怒火，至于离婚还是不离婚，等先把女儿的事情处理完了再说。但问题是，赵卫国提出的事怎么办？为什么都七年了，他偷偷摸摸不敢提这事，现在提出要参与签赔偿协议呢？

再说赵卫国和姚兰妹断了关系后，他倒也没有再来找事。因为赵卫国知道姚兰妹不可能离开丈夫和孩子跟他过。不久，他就找了一个外地女孩结了婚。但是，这个女人花光了赵卫国全部积蓄后就跑了，所以，赵卫国现在可以说是家徒四壁，穷得叮当响。当他听说李怡然车祸身亡，肇事司机愿意巨额赔偿；又听法律服务站的人说，只有孩子的亲生父母才能得到这笔巨额赔偿时，就动起了脑筋。他把自己的情况告诉了法律服务站的工作人员，说他就是孩子的亲身父亲，这笔钱有份吗？得到的竟然是肯定的答案，这让他喜出望外。于是，他冲到了派出所要参与签协议，目的就是要分得一笔孩子的死亡补偿金。

现在，养育了李怡然六年的父亲李富贵不是她的亲生父亲，在她死后，亲生父亲赵卫国突然出现了，究竟谁有权利得到孩子的死亡赔偿金呢？

赵卫国在法律服务站人员的代理下，将李富贵、姚兰妹作为被告，将王大雷作为第三人起诉到人民法院，要求判决赵卫国作为死者近亲属有权受领赔偿款。李富贵、姚兰妹也聘请了代理律师。王大雷的家属也表示，他们会履行承诺赔偿30万元。

死亡赔偿金是死者因他人致害死亡后，由加害人给死者近亲属的一种经济补偿。近亲属排在第一顺序的除了配偶就是父母。在本案中，对于一个6岁女孩来说，排在第一顺序的近亲属就是她的父母。法庭上，李富贵的律师提出，李怡然是姚兰妹在和他合法婚姻关系续存期间所生，虽然她并非李富贵的亲生女儿，但是李富贵一直把她当亲生女儿一样抚养长大，这些年在孩子的成长过程中花了不少时间精力和心血，孩子的死亡赔偿金应按照与死者关系的远近和共同生活的紧密程度、抚养关系及生活来源等因素合理分配。赵卫国对于孩子的成长完全没有任何贡献，因此希望法院将赔偿金判给李富贵。

而赵卫国的代理人提出，依照我国婚姻法，受法律保护的父母子女关系有三种，即生父母子女关系、养父母子女关系、形成事实抚养的继父母子女关系。生父母子女关系基于血缘关系产生，养父母子女关系基于合法的收养而产生，继父母子女关系基于再婚后继父母子女之间客观存在的抚养事实而产生。李富贵与李怡然，没有血缘关系，既非收养，又不是继父与继子女的关系，因此，两者之间没有受法律所保护的关系。赵卫国作为李怡然的亲生父亲，赔偿金理应归赵卫国和姚兰妹所有。

双方各执己见，互不相让，那么，法院会怎么判决呢?

法院听取了双方意见后，采纳了赵卫国代理人的意见，认为，经司法鉴定，赵卫国为李怡然的亲生父亲，有权享有合法的亲生女儿死亡的赔偿请求权。

但是，根据最高人民法院的相关司法解释，这赔偿金中应先予支付丧葬费、交通费、住宿费等实际支出的费用，剩下的部分由生母姚兰妹和生父赵卫国所有。再根据共同生活的紧密程度、抚养关系及生活来源等因素，姚兰妹应适当多分。故判决赵卫国可分得10万元死亡赔偿金。

得到法院如此判决，李富贵濒临崩溃的边缘。自己辛辛苦苦养了六年的孩子突然夭折已是沉重的打击，后又被告知孩子不是自己的，更是受到了巨大的侮辱。现在，自己不仅白白替他人养育了孩子，孩子的死亡赔偿款最终还是归了那个给自己戴上“绿帽子”的赵卫国，这岂不欺人太甚？法律岂不太不公平？李富贵气得要吐血，可以说连杀人的念头都有了。还好，在法官和律师的劝导下，他渐渐恢复了平静。

律师告诉他，事情并没有就此了结，李富贵不是只能自认吃亏倒霉，还有一个办法来维权。姚兰妹这些年来欺骗李富贵为她抚养其与他人所生的私生子的行为，对李富贵不啻是一种巨大的精神伤害，如果他要和姚兰妹离婚，则可以要求姚兰妹支付一定的精神损失费，就可以让姚兰妹从得到的死亡赔偿金中支付。但是，按照目前的法律规定，这个请求只能在离婚诉讼中向姚兰妹提出，如果不离婚，就无法提，我国目前司法实践还无法实现婚内精神损害赔偿。但是，李富贵翻来覆去地想，自己这些年对妻子确实有太多照顾不周到的地方。一个人在外做小生意，让妻子一个人在家操劳家务、照顾孩子，承受了太多。而且姚兰妹在李怡然出生后也与赵卫国断了关系，现在夫妻两人还有一个儿子要抚养，他决定和妻子好好过下去，不离婚。那么，他也就不能向妻子要求精神损害赔偿。况且，他恨的人不是妻子，而是赵卫国，难道就这样白白让他占了那么大的便宜吗？

李富贵的律师想到了一个替李富贵维权的办法。他认为李富贵有权利以“不当得利”[①]为由提出诉讼，要求赵卫国支付过去六年他替赵卫国付出的孩子的抚育费。什么是不当得利呢？不当得利是指没有法律和合同上的根据得到利益，却使他人因此受到损害的法律事实。这好比自以为是天上掉下块馅饼，其实是别人的馅饼掉到自己这里，还是要还给人家的。比如：A在马路上捡到B的钱包，里面有一千元钱，A放到自己的口袋里据为己有，就属于不当得利了。如果B找到A要求返还，A必须返还不当得利。不当得利可以是得到了不属于自己的利益，也可以是自己本该付出的利益却没有付出，让别人无缘无故付出了。比如，本案中的赵卫国，本该支付孩子的抚养费，他没有支付，由李富贵支付了，赵卫国就属于不当得利。

最后，律师代表李富贵以“不当得利”为由提起诉讼，要求受益人赵卫国返还不当得利，即过去六年女儿李怡然抚养费总额的一半（另一半由姚兰妹承担），以及姚兰妹怀孕生孩子的各项合理支出的一半（另一半由姚兰妹承担）。同时，根据《最高人民法院关于贯彻执行〈中华人民共和国民法通则〉若干问题的意见（试行）》[②]，返还的不当利益，还应当包括利息和李富贵抚育孩子所付出的劳务费，请求法院判令赵卫国支付不当得利费用共计15万元。

最后，法院认为，赵卫国构成不当得利，有义务返还不当得利，但没有全额支持原告提出的数额，最后，判令被告赵卫国返还原告李富贵不当得利9.5元。

这样到头来一算，赵卫国所获得的死亡赔偿金还没拿到手，就被拿出去赔了孩子的抚养费，加上诉讼费和亲子鉴定费，还倒贴不少。为此，本来想大捞一把的赵卫国，最后竹篮打水一场空。

洁蕙点评：

这个案子，法律情节跌宕起伏，扣人心弦。当赵卫国因为是孩子的亲生父亲而获得孩子的死亡赔偿金时，所有人都会认为，法律不公平，怎么能让一个从未尽过父亲责任的人得到孩子的死亡赔偿金呢？但当后来李富贵以不当得利为由，要求赵卫国支付孩子六年的抚养费时，我们不得不感慨，法律最终是公平的，法律无外乎是人的良心。赵卫国想得到作为父亲的权利，获得女儿的死亡赔偿金，那就必须承担其作为父亲的义务，支付女儿的抚养费。因为权利和义务必须是对等的，没有无义务的权利，也没有无权利的义务。一个人想不尽义务而获得权利，最终，必然是竹篮打水一场空。

法点链接：

①《中华人民共和国民法通则》第92条："没有合法根据，取得不当利益，造成他人损失的，应当将取得的不当利益返还受损失的人。"

②《最高人民法院关于贯彻执行〈中华人民共和国民法通则〉若干问题的意见（试行）》第131条："返还的不当利益，应当包括原物和原物所生的孳息。利用不当得利所取得的其他利益，扣除劳务管理费用后，应当予以收缴。"

谁是凶手

关键词 擅自处分夫妻共同财产　恶意第三人

这一天，在一个荒废的煤窑里面，有人发现了一具男尸，死者40岁左右。经核实，死者是当地有名的煤老板于大龙。于大龙是前一天晚上9点多钟，被人用钝器猛击头部后又被人捂住口鼻致死的。现场没有留下凶器，只留有一串女鞋的脚印。根据鉴定，女鞋的尺寸为36码。警方初步分析，发现死者的地方应该就是作案人行凶的第一现场，而且能将被害人骗到这没人的废弃煤窑附近的人，肯定是与被害人很熟悉的人，很可能是女性。由于于大龙好色又始乱终弃，他的前妻、前任女友、现任女友都对他恨之入骨，那么，凶手是否就在她们中间呢？

于大龙的前妻叫王国英，今年40岁，与于大龙维持了十年婚姻，四年前因为于大龙勾搭上了前任女友孟晓红而导致两人离婚。前妻与于大龙育有一个儿子，今年13岁。王国英与于大龙离婚后一个人带着儿子过，于大龙每月支付儿子的抚养费。警察首先找到王国英，她对于大龙被杀的反应是极度冷静，说："他在我心中早已经死了。"据了解，王国英掌握了于大龙在离婚前隐匿财产、偷偷转移煤窑财务账面上大部分财产的证据，找于大龙要重新分割这些夫妻共同财产，于大龙哪肯答应，极力否认。两个人为此矛盾极深，王国英正在找律师准备起诉于大龙。那么，于大龙会不会是他的前妻王国英杀的呢？根据作案动机来分析，于大龙背叛婚姻，在外面搞小三，离婚时又隐匿财产，显然，前妻心里是仇恨于大龙的。如果于大龙死了，由于其没有再婚，他的父母也都已亡故，所以，于大龙的财产必然都由他唯一的法定继承人，也就是王国英和于大龙所生的儿子来继承。儿子尚未成年，自然就是由母亲王国英实际掌控。所以，警方认为王国英具有可能的作案动机。

警方问王国英："昨天晚上 9 点你在哪里？"王国英说她正在朋友家打牌。三位牌友也分别为王国英作证，案发时间，王国英确实在一个牌友家打牌。警察问王国英平时穿几码的鞋，王国英答：穿 36 码鞋。

接着，警察调查于大龙的前任女友孟晓红。孟晓红是当地一家高档酒店的服务员，今年 30 岁，脸上抹着一层厚厚的脂粉，戴着假睫毛，看上去有一种豪放的美感。于大龙与她是在酒桌上认识的，与孟晓红暗中来往一年后，于大龙就和王国英提出了离婚。那时，于大龙对孟晓红是非常痴情的，有求必应，在她身上花了很多钱。但谁也没想到，两人之间又因为出现了另一个女人而分手，这个女人就是于大龙现任女友单莉莉。对于大龙被杀，孟晓红是极度高兴的，她说："他终于死了。"据了解，于大龙在与孟晓红热恋期间，于先以经营不善、与人合伙经营的煤窑亏损为名，将自己的资金转出去，然后与王离婚。离婚后，又以孟作为新的合伙人入伙。孟名义上出的资，实际就是于大龙从煤窑账上转出的钱。这样，于把自己的大部分财产转到了孟的名下。这样做，当初是出于两个目的，一是表达自己对孟的感情，二是在和王国英离婚前转移财产。当时，这些情况，其他合伙人都是同意的，因为于大龙与他们合伙时，约好有钱大家一起赚；要是亏了，首先算他的。当时经营的煤窑生意非常好，合伙人都得了好处，所以，合伙企业的所有事务，其实都是听于大龙的。在于大龙与孟晓红还相好的时候，作为名义上的合伙人，孟晓红也不会真的去计较合伙企业分红利的事儿，只要每个月于大龙按时给她钱买衣服、买化妆品就可以了。但是，谁能想到，于大龙与王国英离婚后，正准备与孟晓红谈婚论嫁时，又结识了现在的女友单丽丽，而要与孟晓红分手。这时，孟就不依不饶了。她提出要按自己在合伙企业中的份额享受分红。如果这样的话，那按照名义上的出资比例，孟晓红将分到于大龙经营的煤窑的大部分收益。于当然不同意，案发前，二人正闹得很厉害。那么，于大龙会不会是他的前任女友孟晓红杀的呢？根据作案动机来分析，于大龙另觅新欢而抛弃孟晓红，把孟晓红拖到30岁，现在要分手还不肯兑现合伙的分红。显然，孟晓红心里是仇恨于大龙的，如果于大龙死了，煤窑的大部分资产和经营所得，按照合伙协议和工商登记来看，都是孟晓红的。所以，警方认为孟晓红具有作案的可能性。

警方问孟晓红："昨天晚上9点你在哪里？"孟晓红说她正在美容院做美容。美容院的服务员也为她作了证，案发时间，孟晓红确实在美容院做美容。警察问孟晓红平时穿几码的鞋，孟晓红答：穿36码鞋。

警察又着手调查于大龙的现任女友单丽丽。单丽丽今年只有23岁，皮肤白皙，身材姣好，特别是一副我见犹怜的样子，很是楚楚动人。两年前，她来到当地煤矿集团下面的分公司实习，认识了到那里办事的于大龙。好色的于大龙对她一见钟情，对孟晓红失去了兴趣。不久，他们就以恋人身份出双入对，且单丽丽大学毕业后就到了于大龙的煤窑上做他的助理。名义上是助理，其实就是每天跟着于大龙形影相随而已。当单丽丽知道于大龙被害的消息，显得非常震惊，然后是极度的悲伤，说："究竟是谁害他？这个人也会不得好死！"警察问单丽丽："平时，你和于大龙不都是出双入对的吗？为何案发时你们不在一起？"单丽丽一边哭泣一边说："他平时忙于应酬，忙于煤窑上的事，也不是每时每刻和我在一起的呀。"警察问："案发时间你在哪里？在干什么？"此时，单丽丽显得有些慌张，对着天花板想了半天，最后说已经忘记了，想不起来了。警察继续问："想过和于大龙结婚吗？于大龙是否准备和你结婚呢？"单丽丽说，她早就提出结婚的要求，是于不愿意再结婚，所以，两人一直没有结婚。警察问："那他一直这样拖着，你不急吗？将来年龄拖大了，他又不跟你结婚，你怎么办？"单丽丽低头不语，眼眶红红的。警方后来从侧面了解到，是因为此前于大龙把合伙的份额给了前任女友孟晓红，以及前妻也要和他分合伙的财产等原因，弄得他焦头烂额。有了前车之鉴，所以，他迟迟不愿再结婚。他看中的是单丽丽还年轻，比较单纯，但他也害怕有一天单丽丽也像之前的女人一样，要分他的钱。所以，他对单丽丽比之前的女人多了一些防备，不愿意结婚。这多少让单丽丽对他心怀不满，特别是单丽丽平时与死者形影不离，为何案发时她却说不出她在何处呢？这一点就很值得怀疑。而且，单丽丽也穿36码鞋。

于大龙的这三个女人，都穿36码鞋，案发现场的鞋印究竟是不是他们其中的一个留下的呢？警方提取了这三个女人平时穿的鞋，经过进一步比对，现场鞋印的鞋底磨损状态与单丽丽的完全一致。单丽丽有重大嫌疑。警方立即传唤了单丽丽。此时的单丽丽已经有些神经质了，她情绪激动地说是她杀了于大龙。警察问为什么要杀他？单说，因为于大龙玩弄她的感情，又不愿意和她结婚，甚至又在外面有了别的女人。她实在忍不下去了，就杀了他。警察问单丽丽："那你是怎么杀他的呢？"单丽丽说，是用煤窑里最常用的煤铲敲他头部杀死他的。警察问："杀人的凶器在哪里？"单丽丽说扔了。警察又问："扔在哪里？"单丽丽又说记不起来了。但她一再坚持于大龙是她杀的。警察觉得，这个案子很蹊跷，在没有足够的证据前，还不能简单地按照单丽丽的口供来定案。

那么，凶手是不是就是单丽丽呢？警方进一步展开分析，他们在案发现场，发现了好几串单丽丽的鞋印。一个人之所以要偷偷地杀人，肯定是不希望被人知道是他杀的人，怎么可能在案发现场大摇大摆地走来走去，留下那么多脚印呢？说不通啊！而且，单丽丽说是用煤铲敲死者头部杀人的，这勉强也说得过去，因为死者系钝器所伤后窒息而死，但杀人的煤铲并没找到。她既然已经承认杀了人，为何还要隐瞒杀人凶器扔在何处呢？这是另一个蹊跷。而且，这个单丽丽有些神志不清，说话语无伦次，需要精神和心理疏导。警方安排了心理辅导师来安抚情绪有些失控的单丽丽。谁也没有想到，几天后，情绪得到控制的单丽丽说出了另一个完全不同的版本。她说于大龙不是她杀的。案发那天晚上9点多钟，她接到一个陌生男人的电话，对方告诉他，发现于老板正在一个废弃的煤窑附近（后来知道就是案发现场）与一个年轻女人幽会，让她赶快去看看。单丽丽问对方是谁，对方说是为她好，信不信由她。说完立刻挂了电话。单丽丽早就知道于大龙好色成性，她也曾亲眼见过孟晓红来大吵大闹的情景。她挂了对方电话，紧接着给于大龙打电话，于的电话始终关机。这让她更加相信那个陌生电话中说的话是真的。她立刻按照电话中说的地点赶去，在废弃煤窑附近找了半天，却没有发现于大龙的身影，打于大龙电话还是关机。然后就悻悻然地回去了。一晚上，于大龙都没有回来，第二天才知道他已经被害了。而且，发现尸体的地方正是自己昨天晚上去找他的地方。警察问她，为何不早点把这个重要线索告诉警方。她却说，一开始警察去找她的时候，因为她曾去过案发地，非常怕警察怀疑自己，就没说。可后来，于大龙的死、当时的那个电话，以及她去过案发现场这一切情况都纠葛在一起，一直折磨着她。她知道自己心里是恨于大龙的，心里恨的时候也真的有过杀他的念头，所以，当警察传唤她的时候，这个错觉就更加强烈，再加上自己害怕，就承认说是自己杀了于大龙。

这么看来，单丽丽是因为出现幻觉，才认为是她杀了于大龙。但因没有事实依据，那么杀害于大龙的很可能另有其人，而且凶手很熟悉于大龙的生活情况，想嫁祸于单丽丽。凶手可能有多人，其中包括给单丽丽打电话的男人。凶手为何要嫁祸单丽丽？凶手除了极为了解死者和单丽丽的关系外，还可能恨极了于大龙和单丽丽，企图一箭双雕。如果这样的话，那么，谁是最恨于大龙和单丽丽的呢？

警方决定从给单丽丽打来的电话这一线索入手调查。根据来电显示，电话是在一个公用电话亭打出的，警察调取了这个电话亭所在马路——胜利路所有出入口的监控录像。对在打电话的前后半小时内所拍摄的监控画面一帧一帧地辨认，试图从录像中找到与于大龙生前有过交往的男性的身影。这简直就是大海捞针，几个星期下来，这项工作毫无进展。就在警方对这一破案方法失去信心的时候，一位警察想要扩大监控录像的时间再看看，这一看，却发现了目标。在当天上午10点多钟的录像里出现一个身影，这个身影与此前警察掌握的于大龙的一个合伙人的相貌、体态非常相像。此人在录像中行色匆匆，还有些慌张，而且在胜利路上来回走了好几次。警方立刻调取这个合伙人的影像资料进行比对，证明是同一个人。

警方立刻传唤了这名合伙人。此人名叫金强，是一个外地人，据他说，他是在几年前看到一个合伙开发煤窑的广告才找到于大龙的。于大龙在广告上说：合伙开发煤窑，利润丰厚，如有亏损，先由于大龙本人承担，愿意合伙经营的，可以联络他。这则广告还是十分吸引人的，金强就根据广告上的联系电话找到了于大龙。于大龙和他以及还有几个一样看到广告要求合伙的人一起出资，承包起了这个煤窑。警察问他，案发当天早上10点多钟，有没有去过胜利路附近。他说没有去过。警方立刻拿出录像放给他看，让他自己辨认录像里的是否就是他。看到录像，金强马上改口，说自己忘了，那天他去胜利路是看一个朋友。警察让他说出朋友是谁？他又一时说不出来，显然是在撒谎。与此同时，警察让单丽丽来辨认金强的声音是否就是那天给她打电话的男人，而单丽丽却一口否认，说她和金强挺熟的，她能听出金强的声音。金强今年30多岁，但电话里那个男人声音起码已经50多岁了，而且金强是外地口音，电话里那个男人是本地口音。这就奇怪了，警察在电话亭路口调到了金强的录像，而且金强明显在撒谎，但单丽丽却说打电话的另有其人，这究竟是怎么回事呢？警方进一步侦查。

终于，法医在死者于大龙的指甲里提取到了其他人的皮肤碎屑，判断是于大龙在遭到袭击之后，在挣扎时抓到了凶手的皮肤。警方提取了在于大龙生前与之有过密切接触的人，包括他的前妻、前女友、现任女友和所有合伙人等的DNA。经过严格的DNA比对，于大龙指甲里的皮肤碎屑的DNA与金强的完全一致。据此，金强杀人的嫌疑可以确定，警方迅速逮捕了金强。那么，金强为何要杀害于大龙呢？

归案后，金强交代了如下作案动机：因为于大龙好色成瘾，根本无心管理煤窑，生意每况愈下。对此他曾多次建议，于大龙不要再管理煤窑了，由他来管。其他合伙人都同意，唯独遭到了于大龙的拒绝。但合伙协议约定，更换合伙事务的执行人必须经过全体合伙人同意。最近几年，于大龙不断把公司股权送给自己情人，金强又气又急。为了获得煤窑的管理权，他决定铤而走险，把于大龙杀了，然后，自己就顺理成章可以主管煤窑了。为了转移视线，他在胜利路上找了一个50多岁的男子，给了他1000元钱，让他晚上9

点在这个电话亭打电话给单丽丽。所以，单丽丽听到的是一个完全陌生的男人的声音。警察问："你为何要骗单丽丽去现场?"金强说，他确实想嫁祸于单，因为他也恨单丽丽。那么，金强为了煤窑经营权而要杀于大龙，可为什么要嫁祸于单丽丽呢?

原来，于大龙认识单丽丽的那天，金强就在边上。是金强先和青春美丽的单丽丽搭讪，问她要了联系电话。金强对单丽丽也是一见钟情，而且金强是单身，他有这个权利追求单丽丽。金强一开始觉得单丽丽对自己很有好感，他约过单丽丽几次，每次单丽丽都欣然赴约。但没想到，突然有一天，单丽丽不接他电话了。又过了几天，他就在于大龙的车里见到了单丽丽。这对金强的打击可不小，金强为这事找到于大龙，强忍内心的愤恨，半开玩笑地问："为什么有了孟晓红还要找单丽丽?老哥不要把天下美女都独占了，也给兄弟留点活路。"于大龙听完哈哈大笑，说："我于大龙就是过不了美人关，我要什么样的女人就有什么样的女人。钱我可以让，美女可不能让。"可以说，为了钱，为了女人，金强再次坚定了他要杀死于大龙的决心，并且他还要顺便报复这个只要谁有钱便跟谁走的女人——单丽丽。

金强知道单丽丽最担心的是于在外面又拈花惹草，所以，骗单莉莉到案发现场很容易，这样也能转移警察的视线。金强还交代，那天晚上他先告诉于大龙，附近一座废弃的煤窑可能还可以开发。急于在经营上有突破的于大龙让金强赶紧带他去。当走到煤窑的时候，金强用事前准备的榔头猛击于后脑。见于倒地后脱下衣服紧紧捂住于的口鼻，直到于停止挣扎。确定于已死亡后，金强将尸体拖进废弃的煤窑，用杂物掩住之后迅速逃离现场，并打电话指使那个中年男子给单丽丽打电话，诱骗单丽丽到现场走一圈。

警察根据金强的口供找到了榔头等凶器，至此，案件证据确凿，事实也清楚了，金强被依法以故意杀人罪提起公诉。最后，金强被依法判处了死刑。

案件水落石出了，但是风波并没有平静。在于大龙死后，他的财产继承和股权问题又成为了焦点。他的前妻王国英能否追回当初被他转移的夫妻共同财产?孟晓红能不能名正言顺地成为煤窑的合伙人?

王国英聘请了律师。经过律师调查，于大龙死后，煤窑的账上，有他100万元资产份额，孟晓红名下的资产份额有300万元。两年前，于大龙与王国英离婚时，先把资金做亏，把钱转移，离婚后，很快又以孟晓红的名义入伙。孟晓红只是名义上的合伙人，实际出资的还是于大龙，也就是说，在与王国英离婚时，于大龙转移了夫妻共同财产。根据律师的意见，王国英首先起诉，要求确认于大龙先转移夫妻共同财产，然后将共同财产赠与孟晓红入伙合伙企业的行为无效，要求重新分割被转移的夫妻共同财产。我国民法通则和婚姻法的司法解释明确规定，部分共有人擅自处分共有财产的，只要取得财产的第三人不是善意取得，都认定为无效。[①]另外，根据婚姻法规定，离婚时，一方隐匿、转移财产的，离婚后，被另一方发现的，可以向人民法院提起诉讼，请求再次分割夫妻共同财产。[②]根据这些规定，法院支持了王国英的诉求，判决孟晓红获得入伙资金的行为无效，煤窑现有属于孟晓红和于大龙名下的资产中的一半——200万元归前妻王国英所有。

洁蕙点评：

本案涉及的法律点是，夫妻一方处分共同财产，另一方不知道。第三方明知道这是人家夫妻的共同财产，明知道另一方不知道，还和处理财产的一方串通一气，低价或无偿取得人家的夫妻共同财产，这就是恶意取得。这样的行为是无效的。但是，如果第三方并不知情，是善意的以合理对价取得他人的夫妻共同财产，那么，另一方不能以自己不知道为由，主张转让行为无效。这时，不知情的一方只能向处理财产的一方主张一半的出售款。本案中，孟晓红显然属于恶意第三人，所以，于大龙转让股份的行为无效。

说些法律之外的话，于大龙是因为合伙企业的经营权之争，而被合伙人害死的，但因为于大龙在有了财富后，没有处理好婚姻、感情和企业的关系，致使他和三个女人之间的感情纠葛一度转移了警方的破案视线。于大龙生前以为只要有钱，想要什么样的女人就有什么样的女人，女人们就会死心塌地跟着他，实际上，他错了。最后，他对感情的不忠实，弄得众叛亲离，他的女人个个被怀疑是杀他的凶手，这一定是于大龙万万没有想到的。用金钱维系感情是不可靠的，甚至还会诱发仇恨。

法点链接：

①《最高人民法院关于贯彻执行〈中华人民共和国民法通则〉若干问题的意见（试行）》第89条："共同共有人对共有财产享有共同的权利，承担共同的义务。在共同共有关系存续期间，部分共有人擅自处分共有财产的，一般认定无效。但第三人善意、有偿取得该项财产的，应当维护第三人的合法权益，对其他共有人的损失，由擅自处分共有财产的人赔偿。"

《最高人民法院关于适用〈中华人民共和国婚姻法〉若干问题的解释（一）》第17条："婚姻法第十七条关于'夫或妻对夫妻共同所有的财产，有平等的处理权'的规定，应当理解为：

（一）夫或妻在处理夫妻共同财产上的权利是平等的。因日常生活需要而处理夫妻共同财产的，任何一方均有权决定。

（二）夫或妻非因日常生活需要对夫妻共同财产做重要处理决定，夫妻双方应当平等协商，取得一致意见。他人有理由相信其为夫妻双方共同意思表示的，另一方不得以不同意或不知道为由对抗善意第三人。"

②《中华人民共和国婚姻法》第47条："离婚时，一方隐藏、转移、变卖、毁损夫妻共同财产，或伪造债务企图侵占另一方财产的，分割夫妻共同财产时，对隐藏、转移、变卖、毁损夫妻共同财产或伪造债务的一方，可以少分或不分。离婚后，另一方发现有上述行为的，可以向人民法院提起诉讼，请求再次分割夫妻共同财产。

"人民法院对前款规定的妨害民事诉讼的行为，依照民事诉讼法的规定予以制裁。"

替哥哥结婚的弟弟

关键词 重婚罪 擅自处分共有财产

本案的当事人是一个在广州读大学的大四未婚男学生，2012 年的一天，他突然收到法院传票，说一个在上海的女子告了他，要他支付孩子的抚养费。这是怎么回事?

该男生叫张小宝，今年 22 岁，未婚，专业是土木工程。那天，他正和同校法律系就读的女朋友卢晓欢一起在学校附近的小饭店吃饭，突然接到母亲从老家打来的电话。母亲在电话里气急败坏地说："你小子，你在外面偷偷生了个儿子还不告诉你妈?"张小宝被母亲弄得一头雾水，说："我还没和晓欢结婚，哪来的孩子?"母亲说："都到这个时候了你还不和我说实话？那个女的已经来告你啦！法院都寄来传票啦!"这下张小宝就更糊涂了，他对天发誓自己肯定没有和别人生孩子。而且他压根没去过上海，也从来没有认识上海的女孩，怎么可能和上海的一个女人生了孩子？"肯定是搞错了吧，你看看地址对吗，姓名对吗?"张小宝问。母亲说："都对啊，这法院白纸黑字还盖了红印，还能搞错?"张小宝在电话里和母亲说不清，他让母亲到发传真的地方把传票传真给他。

挂断母亲的电话，张小宝发现女友正用愤怒的眼神看着自己。显然，卢晓欢已经知道了大致内容，气愤地问："你真的和别人生了孩子?""哎呀，什么啊，我收到法院传票这事应该是真的，但我和什么女人生了孩子，那完全是没有的事。""是假的，法院怎么会给你传票？张小宝，你可把这事给我好好说清楚。"这一晚上，张小宝被卢晓欢追问得够呛。最后，张小宝急了，说："我要是骗你，出门被车撞死。一定是搞错了，告错了人，等明天见了法院传票就清楚了。"两人就等着第二天母亲的传真快点到。

第二天，传真来了。果然是法院传票，还有对方的起诉书副本。起诉书上的被告就是张小宝，姓名、地址和身份证号码一点没有错。原告叫沈红，今年30岁。张小宝直摇头："唉，我要找也不会找一个比我大七岁的女人啊!"沈红在诉状中称自己与张小宝在网上认识，2010年结婚，并生育一子。但由于婚前缺少了解，仓促结婚，婚后又分居两地，两人于次年即办理了协议离婚。当时，女方未要求男方对孩子承担抚养费，现在，女方父母生病，女方为了带孩子也失去了工作，经济困难，所以，要求男方张小宝支付孩子每月1000元的抚养费。张小宝看了起诉书，简直要晕过去了。他立刻打电话到法院，法院说立刻查一下。"那么，这事究竟是法院搞错了，还是张小宝在撒谎呢?"卢晓欢心里在这样问自己。过了一会儿，再打过去，法院的工作人员说："查过了，没有搞错，人家告的就是你，人家提供了离婚证原件等证据，离婚证上的身份证号码、名字都是你，怎么会搞错呢?"

这下，卢晓欢哭着要与张小宝分手。张小宝真是焦头烂额，直喊自己遇到鬼了。他想，现在和卢晓欢再解释也没有用了，必须去法院把这事给搞清楚再说。张小宝立刻请了假赶回老家。到了当地法院，他一个劲和法官说明自己从未认识叫沈红的女人，而且他根本没有和任何女人结过婚、离过婚还有过孩子，绝对没有。法官告诉他："我们会根据法律程序进行审查，但如果你不应诉就有可能吃官司，承担败诉的一切后果。"法官让他递交答辩状，留下了他的身份材料后就让他回去，到开庭的日子再来。

说实话，张小宝也很想看看这个告他的女人究竟长啥模样，是何方神圣。几天后，法院正式开庭审理此案。到了法庭上，只见这个叫沈红的女人，中等身材，微胖，30岁左右，略有几分姿色。她坐在原告席上，看着张小宝出现在被告席上。法官说："他就是张小宝，是你要告的前夫吗?"沈红和张小宝异口同声地说："不认识。"难道真的是搞错了？法官打开案卷，拿出了一张离婚证，他仔细端详离婚证上的照片。照片上这个男的，好像和张小宝有些相似之处但还是不像，于是将离婚证递给了张小宝，说："你看这个男的是你吗？"张小宝连忙接过离婚证，打开一看，顿时惊呆了。离婚证上的这个男人不是别人，正是自己的亲哥哥张大宝，但身份证号码和名字却是张小宝的。张小宝对法官说："照片上的人是我哥哥，叫张大宝。哥哥比我大三岁，可是哥哥已经结婚了。我嫂子叫刘芳，在广州工作，他们结婚都三四年啦。"张大宝结婚以后，哥俩的联系就渐渐少了。沈红一听张小宝这么说，气得差点晕倒，说："我要告的就是照片上的这个男人。"法官问沈红："你怎么连孩子父亲的真实姓名都不知道呢？你起诉他，有没有事先和他电话联系过呢？"沈红说："我们离婚后，就不再来往，他的手机号码也换了，我找不到他才根据他身份证上的地址起诉的。"

法官告诉张小宝暂时休庭，等找到真正的被告以后再择日开庭。走出法院的沈红让张小宝立刻给张大宝打电话，问清这究竟是怎么回事？张小宝为了洗清自己，于是就立即给哥哥打电话。那么，张大宝又是怎么回答的呢？

一开始，张大宝在电话里装傻，说听不懂弟弟说的是啥。当得知沈红已经起诉他时，觉得无法再隐瞒了，不得不告诉了弟弟实话。原来，张大宝2009年在网上认识了沈红。他骗沈红说自己还没有结婚，其实，那时他已经结婚，妻子正怀着身孕。那时的张大宝，竟然和沈红在网上谈起了恋爱，还专程赶到上海和沈红见面，两人在宾馆发生了关系。上海相会不久，沈红就发现自己怀孕了，因为特别想要孩子，就催着张大宝结婚。被逼无奈之下，张大宝只好同意和沈红结婚。等孩子生下来后，沈红发现张大宝很少到上海看她，感情越来越淡漠，而且性格也不和，两人就协议离了婚。那么，张大宝明明是有老婆的人，他怎么做到和沈红结婚又离婚的呢？

原来，他不仅对沈红隐瞒了自己已婚的事实，还隐瞒了自己的真实姓名，他说他叫张小宝。他在上海租宾馆也是用张小宝的身份证。那么，弟弟张小宝的身份证是怎么在张大宝手里的呢？原来一年前，有一次张小宝让张大宝帮他去订机票，结果，张大宝把张小宝的身份证弄丢了，张小宝只好又去补办了新的身份证。可后来，张大宝又在自己的办公桌抽屉里找到了张小宝的身份证，他想反正张小宝已经补办了新的身份证，就没把这事告诉张小宝。没想到，他在网上搭识沈红后，这张身份证就派上了用场。当沈红怀着孕催张大宝结婚时，张大宝为了应付沈红就拿着弟弟的身份证与沈红在上海办了结婚证。沈红怀孕期间，其实张大宝的老婆也正在生孩子。张大宝就上海、广州两地跑，这让沈红感觉张大宝心里根本没有她，怀孕期间也不在上海好好照顾她。但张大宝不能告诉沈红，他的老婆正在广州生孩子，他分身无术。他骗沈红说，他其实有过老婆，但没办结婚登记，那个老婆刚生下孩子就遇车祸死了，所以，广州家里还有一个小孩要他照顾，这也是他目前还不能带沈红去广州见父母的原因。但是，张大宝三天两头往广州跑，在上海陪沈红的时间越来越少，这让沈红非常生气，两人隔阂越来越大，于是，刚生下孩子不久，沈红便主动提出了离婚。两人到婚姻登记机关协议离了婚，孩子一直是由沈红带着。

张小宝听完张大宝的讲述，气得无话可说，愣了半天，说："哥，你也太过分了！怎能这么不负责任？还冒用我身份登记结婚？因为这件事我的女朋友都要跟我吹了！"说完，气愤地挂了电话。他转而对沈红说："你也真糊涂啊，你看我身份证的出生日期，我足足比你小七岁，你不在意自己的丈夫比自己小那么多吗？你没看出身份证上的照片不是一个人吗？你难道就没怀疑这个张小宝可能是冒牌的吗？"

沈红红着眼睛，抽泣地说："他告诉我身份证上的照片是好多年前拍的，年龄是派出所弄错了。你哥说他其实是26岁，只比我小三岁，我觉得比我小三岁也不算差太多，所以就接受了，也相信了他的话。"

张小宝终于知道自己被起诉要求承担抚养费的真实原因了，是哥哥让自己背上了黑锅。自己才22岁，大学还没毕业，从未结过婚，可现在却成了一个有结婚、离婚记录的人，还有一个孩子，这怎么和女友卢晓欢解释？他怎么想都想不通，怎么都不能原谅哥哥对自己的伤害。他想了想，再次拨打电话要张大宝马上回老家，出来承担责任、说明真相，还自己的清白。那么，张大宝会出来承担责任吗？

哥哥张大宝在电话里告诉弟弟张小宝，他可以出庭应诉，承担孩子的抚养费，但张小宝必须答应他一个条件。他也不希望妻子刘芳知道这件事，毕竟张大宝现在的工作是刘芳的父亲搞定的，如果离婚，张大宝的前途就完了。张大宝不希望自己的婚外情毁了自己。

看在兄弟的情分上，张小宝答应张大宝，保守秘密，不把这件事告诉任何人。但他必须和女朋友讲清楚，否则，卢晓欢肯定要和自己分手。对父母亲，张小宝会跟父母说法院搞错了，反正父母年纪大，容易糊弄。于是，张大宝立刻请假回来，处理和沈红的纠葛。他愿意和沈红友好协商孩子的抚养费问题。在张大宝的好说歹说下，沈红撤回了对张小宝的起诉。而张小宝的假期也结束了，赶紧回学校去了。

回校后，张小宝将事情的来龙去脉一五一十地告诉了卢晓欢，希望卢晓欢能消除误解，和自己和好。听完张小宝的讲述，卢晓欢简直不能相信如此天方夜谭般的事情会发生在自己的男友身上。她说："你以为你哥出来替你说明真相，支付孩子的抚养费，这事就这样了结了？你要知道，在法律上，你可已经是有过婚史的人了，假如我和你结婚，你是属于再婚了，你知道吗？如果我父母知道你年纪轻轻就有过一次婚史是不会同意我跟你在一起的。""啊？那怎么办？""所以，你必须去要求婚姻登记机关撤销你的婚姻登记！"听学法律的卢晓欢这样一说，张小宝感觉到问题的严重性，他们立刻一起来到了婚姻登记机关，要求撤销对张小宝的婚姻记录。

没想到，婚姻登记机关的工作人员告诉他们，如果张小宝和沈红错误地领了结婚证，那么，发现错误后提出撤销婚姻登记是可以的。但问题是，后来沈红和张小宝又办了离婚手续。既然都已经离了，就等于这个错误不存在了，也就没有再撤销的必要了。工作人员不答应帮张小宝撤销登记。那么，这位工作人员的答复对不对呢？张小宝和卢晓欢觉得不对，既然已经发现错了为什么不可以更正？他们要讨个说法，一纸诉状提起行政诉讼，告婚姻登记机关，要求撤销当初的结婚登记和离婚登记，并承担过错责任。那么，法院会支持他们的诉讼请求吗？

开庭的时候，被告婚姻登记机关辩称：张小宝和张大宝毕竟是亲兄弟，尽管长相不完全相同，但也有很大的相似性。而且，身份证上的照片一般都是几年前拍摄的，和现在的形象多少有些差别，一般人很容易混淆。其作为婚姻登记机关，在进行结婚、离婚登记时已尽到了合理的审查义务。之所以为张小宝与沈红办理结婚离婚登记，完全是婚姻当事人的弄虚作假行为造成的，其不应承担过错责任，但同意撤销其所做的结婚、离婚登记。之后，婚姻登记机关及时撤销了张小宝与沈红的结婚和离婚记录。婚姻登记机关已经纠错，张小宝也撤回了对婚姻登记机关的起诉。但是，张大宝给张小宝惹来的麻烦不仅是这些周折，更是为了这场行政诉讼，张小宝错过了研究生考试，影响到了前途。他在心里恨死了哥哥张大宝。所以，随着另一件事情的发生，张家兄弟的矛盾又升级了。

有一天，刘芳找到张小宝，拿出了相关的购房合同等材料，对张小宝说，在他名下有一套上海的商品房，是张大宝为了投资以张小宝的名义购买的，希望张小宝能帮忙过户返还给张大宝和自己。这又是怎么回事呢？

原来，张大宝在和沈红好的时候，在上海的外环看中一套40平方米一室一厅的房子，当时价格比较便宜，房价是30万元，是期房。张大宝那时是以张小宝的身份和沈红交往，他就用张小宝的名义购买了这套房产。买下此房时，张大宝想先买下，等合适的时机再和弟弟商量变更到自己名下。此房是婚前财产，所以，和沈红离婚时，沈红也没有对这套房子提出要求。

张大宝对这套房子一直守口如瓶，绝不能让妻子刘芳知道，因为刘芳知道了这套房子，就意味着知道了他和沈红之间的纠葛。那么，刘芳是怎么知道的呢？

俗话说，纸里包不住火，何况女人的敏感超过男人的估计，刘芳其实早已从张大宝的诡异行踪中闻出了味道。女人特有的敏感使刘芳开始注意查询丈夫在银行的存款。她终于发现，有一笔钱在两年前从银行账户上划入了一家上海的房产公司。一查，她发现了这套以张小宝名义购买的商品房，并向张大宝追问这件事。张大宝便推说是两年前为了投资，以张小宝的名义在上海买的房子。刘芳让张大宝赶紧把房产证的名字改回张大宝和刘芳。张大宝找到张小宝说明情况后，没想到弟弟拒绝了。弟弟说："你冒用我的名义结婚、离婚，已经给我添了不少麻烦。我为了这事，还错过了研究生考试，你整整耽误我一年的时间。我已经是被你坑了，人家是坑爹，你是坑弟啊！我的损失你赔不赔？既然这套房子写在了我名下，那哥，对不起，你得先赔我的损失，我再配合你把这套房子过户给你。"张大宝问："你要多少赔偿？"张小宝说至少30万元。"现在刘芳把钱管得死死的，我哪来那么多钱？"张小宝反唇相讥："早知今日何必当初？"这番话，把张大宝气得吹胡子瞪眼，两人吵了起来。最后，张小宝说："那我只好把你和沈红的事告诉刘芳了，到时候你不要怪我不客气了。"听弟弟这么威胁，张大宝真是悔不当初啊。

这边弟弟不配合，那边老婆盯着要把房子过户回来，把张大宝逼得左右为难、焦头烂额。最后，只好和老婆说，弟弟见钱眼开，不同意返还房子。这话把刘芳给气得不行："你们兄弟俩搞什么名堂，这不是兄弟联手，坑我的钱吗？哪有那么便宜的事？"

于是，刘芳就找到了张小宝要求返还房子。那么，张小宝会不会配合呢？或者，他会不会把张大宝和沈红的事告诉刘芳呢？

刘芳找到张小宝，言语间的意思是，他们兄弟联手转移她和张大宝的夫妻财产，这是违法的，要张小宝予以返还。一听嫂子认为自己是贪图便宜，与哥哥故意联手挖他们夫妻的墙角，张小宝觉得自己还一肚子委屈呢，所以，张小宝就一股脑儿把张大宝和沈红怎么用自己的身份证结婚、离婚、买房子的事情全部告诉了刘芳。刘芳听得一愣一愣的。最后，刘芳要求张小宝拿出证据，张小宝就把当时的诉讼文书等拿给刘芳看，还把沈红的电话告诉了刘芳。

刘芳联系上了沈红，沈红不仅向刘芳承认了她和张大宝的事，还告诉了让刘芳气得吐血的事情。沈红说，她和张大宝刚认识的时候，张大宝说自己没有结婚。沈红怀孕后，张大宝说，其实他有过老婆，但没办结婚登记。后来，老婆生下孩子就发生车祸死了。沈红说她不知道张大宝结过婚，老婆还活着！刘芳听沈红这么说，气得牙齿都在打架，想想沈红也是受害者，最可恨的人是张大宝。这个张大宝，全靠刘芳的父亲才在广州站稳了脚跟，竟然背着自己做出这样的事情。还和别的女人说我车祸死了，到现在还在欺骗我，这样的男人太可恨。回到家，刘芳就直接质问张大宝。张大宝知道刘芳已经知道了所有的事情，无法继续隐瞒了，就统统坦白了。刘芳气得破口大骂："你这个陈世美，你在外面搞花头不说，竟然还和别人说我死了！是可忍孰不可忍，我绝不会放过你！"说完，刘芳就把张大宝赶出了门。

接着，刘芳起诉张大宝擅自将夫妻共同财产拿出去购买房产，且将房产写在张小宝名下的行为无效，要求张小宝返还房产。那么，房子究竟属于谁呢?

法院经审理认为：根据我国婚姻法第13条规定，"夫妻在婚姻关系存续期间所得的财产，归夫妻共同所有，双方另有约定的除外。夫妻对共同所有的财产，有平等的处理权。"尽管张小宝认为，写在张小宝名下是属于对张小宝的赠与，但张大宝是在未经配偶同意的情况下擅自处置夫妻共同财产，侵害了另一方的合法财产权益，而且张小宝取得房屋不是善意、有偿取得，故该赠与行为无效①，所购买的房屋应属夫妻共同所有。最后，刘芳通过诉讼要回了写在张小宝名下的房产。

然后，刘芳又起诉要求离婚，要求分割夫妻共同财产，并同时起诉张大宝重婚。最终，法院判决，张大宝构成重婚罪②，处二年有期徒刑，缓期两年执行。两人离婚，张大宝因为重婚，属于有过错方，向刘芳承担损害赔偿③，因此，刘芳获得了大部分的夫妻共同财产。

这个张大宝，最终失去了家庭，失去了兄弟之情，也失去了几乎所有家产。本来只是想图个新鲜，做些拈花惹草之事，最后落得鸡飞蛋打，里外不是人。

洁蕙点评：

这个案例，涉及重婚罪。重婚罪一般是自诉案件，也就是由被害人直接向法院提出刑事诉讼的案件。但是，在现实生活中，大量重婚案件的被害人不会像本案的刘芳那样去控告配偶的重婚罪。为什么呢？因为一旦控告对方构成重婚罪，不仅会影响家庭声誉，如果对方被判刑入狱，那么，谁来抚养子女？赡养老人？这一系列的现实问题，往往使被害人敢恨不敢诉，甚至有的被害人还默然接受，致使违法犯罪的一方依然我行我素、逍遥法外，严重影响了社会风气，甚至挑战“一夫一妻”的婚姻制度。其实，相关司法解释规定，对于被害人不控告的重婚案件，人民群众、社会团体或有关单位也有权提出控告。不过，现实情况并不那么乐观。重婚罪中，所谓又与他人结婚，包括骗取合法手续登记结婚的和虽未经婚姻登记手续但以夫妻关系共同生活的事实婚姻。大部分的重婚行为往往是后者，所以带有很大的隐蔽性，不容易被他人发现。即便被发现了，作为人民群众、社会团体和有关单位这样的局外人也不愿意多管闲事，致使不少重婚行为在暗中进行。这需要大家提高警惕。

法点链接：

①《最高人民法院关于贯彻执行〈中华人民共和国民法通则〉若干问题的意见（试行）》第89条：“共同共有人对共有财产享有共同的权利，承担共同的义务。在共同共有关系存续期间，部分共有人擅自处分共有财产的，一般认定无效。但第三人善意、有偿取得该项财产的，应当维护第三人的合法权益，对其他共有人的损失，由擅自处分共有财产的人赔偿。”

②《中华人民共和国刑法》第258条：“有配偶而重婚的，或者明知他人有配偶而与之结婚的，处二年以下有期徒刑或者拘役。”

③《中华人民共和国婚姻法》第46条：“有下列情形之一，导致离婚的，无过错方有权请求损害赔偿：

（一）重婚的；

（二）有配偶者与他人同居的；

（三）实施家庭暴力的；

（四）虐待、遗弃家庭成员的。”

“我是流氓”

关键词 侮辱罪 侮辱妇女罪

某医院妇科门诊处，大家正安静地排队接受检查。突然，传来一声惊叫：“啊！你身上是什么？”大家不知发生了什么事，都想拥进去看个究竟，但被医生拦住了。只见躺在检查床上的一位中年女性连忙起身，整理自己的衣服，脸色通红，低着头匆匆走出了诊疗室。这名中年妇女身上究竟有什么东西，让每天诊疗无数病人的医生如此大惊失色呢？原来，在这个妇女的腹部有四个醒目的大字：我是流氓！

这名中年妇女叫胡美丽，36岁，是当地一家民营工厂的职工，也是厂里有名的“厂花”，性格活泼开朗。

最近，胡美丽觉得身体很不舒服，本来她是绝不愿意到医院检查的，一来本身就不喜欢到医院看病；二来，最主要的原因是害怕医生看到她身上的这四个字。这次，实在是因为撑不住了，自己上药店买的药吃了根本不管用，眼看病情越来越严重，才到医院来看病。果然，她身上的字被医生发现了。那么她身上的这四个字是从何而来的呢？

胡美丽真是难以启齿啊！这事还得从她的一次婚外恋说起。三年前，美丽动人的胡美丽在一次工厂举办的职工歌唱比赛中，一举夺得一等奖，这引起了工厂副总余波的注意。后来，余波经常借故接近她，胡美丽对余波也颇有好感。但是，两人都是有家庭的人，这让胡美丽非常纠结。她和丈夫陈强结婚都十多年了。当年刚进工厂的时候，就有好几个小伙子追求胡美丽。当得知胡美丽早就结婚了，而且丈夫是陈强时，都“啊”了一声，大叹可惜了。因为陈强身材矮小、相貌平平，又不善言表，是厂理发室的一名理发员，所以有人说是“鲜花插到了牛粪”上。但那时的胡美丽觉得挺幸福的，她和丈夫陈强是同一个村的，可以说是一起长大的，当年就是陈强带着还不满18岁的胡美丽走出村子出来打工的。陈强像哥哥一样照顾胡美丽，胡美丽对他也十分依恋。但婚后几年，到城市里生活的时间长了，两人的个性差异越来越大。胡美丽责怪丈夫不求上进，陈强指责胡美丽爱慕虚荣，两人经常因此而吵架，渐渐的，胡美丽对陈强失去了从前的依恋。现在，公司年轻有为的副总余波经常借工作之便来关照她，帮助他，胡美丽的内心又荡漾起一种很微妙的感觉，而且丈夫陈强所在的后勤部门就归余波主管，总不能太不给面子。每当看到余波火辣辣的眼神，她都感觉难以抗拒。

但是，毕竟大家是同一工厂的，这事要是挑明了对谁都不好。所以，两人只能偷偷摸摸地暗地里来往，经常利用上班时间溜出去幽会。余波先在宾馆开好房间，然后，打电话告诉胡美丽房间号，胡美丽就借口外出办事离开工厂，到宾馆和余波幽会。

下班后又各自回家，他们从来不在外过夜，上班时间别人都在忙着，包括余波的妻子和胡美丽的丈夫，谁会想到配偶在和别人幽会呢？陈强本来话就不多，也从来没有因为这件事而和胡美丽吵过架，所以，这样的安排，余波和胡美丽认为只有天知、地知、你知、我知，可谓天衣无缝。

那天，余波按照老习惯，到宾馆预订好房间，打电话告诉胡美丽房间号，因为自己会还没有结束，就让胡美丽先到前台拿钥匙上去。胡美丽进房间后久等余波不来，就洗了个澡，一边喝茶一边看电视，不一会便昏昏睡去。迷迷糊糊当中她似乎感觉有人脱她的衣服，并在她的身上摸索着，她以为是余波来了，可自己怎么也醒不过来。等她迷迷糊糊醒来，天已经黑了，房间里一个人也没有，只感觉自己的肚子隐隐作痛。低头一看，肚子上黑乎乎一片，还在渗着点点血丝。仔细辨认，是四个大字“我是流氓”。胡美丽大惊失色，惊出一身冷汗，使劲去擦，根本擦不掉，这些字是被人文上去的。看到自己的肚子竟然被人文了这样的字，胡美丽顿时痛哭流涕，气得差点昏过去。那么，是谁来过她的房间？是谁给她文的字呢？

胡美丽打开放在沙发上的手提包，包里的钱物一样没少，这显然是事先有预谋的行动。有人在自己喝的茶里放了安眠药，先让自己沉沉睡去不醒，然后，在自己的肚子上文了这几个字。不可能是陌生人所为，陌生人进房间，要么是贪财要么是劫色，不可能来文身呀！可是，除了余波，没人知道她在这里。难道是余波干的？或者是余波指使人干的？余波为什么要害自己呢？想到这里，胡美丽拿起手机拨打余波的电话，对方已经关机。

余波的电话关机，胡美丽又拨通了110，警方接线员刚开口问有什么需要帮助，胡美丽欲言又止，把电话挂了。她想自己真是昏了头，怎么能报警呢？这下自己与余波的私情不都全暴露了吗？只好先哑巴吃黄连，自己把事情搞清楚再说。可是，这身上的字瞒得过别人也瞒不过自己的丈夫陈强啊，回家怎么向丈夫交代呢？

她穿好衣服，对着镜子梳妆一番，尽力掩盖住脸上的惶恐不安，然后回了家。丈夫陈强已经做好晚饭，正等着她。晚上，胡美丽借故身体不舒服，独自睡去，和丈夫一夜无话。

第二天，她到厂里上班，先去找余波，可是没找到。一路上遇到的所有人看她的眼神都是怪怪的。她心里一慌，难道自己被文身的事情大家都知道了？不会吧？这时，平时和她最要好的一个小姐妹跑过来告诉她一个更让她震惊的消息：昨天，陈强因为上个月工资少发的原因去找余波。结果两人吵了起来，最后，陈强在公司会议室把余波给打了，余波现在还在医院里。原来，余波是被陈强打了才没来宾馆赴约，手机也关机了！怎么那么巧啊，陈强怎么会为了工资的事情在余波准备和自己幽会的当口去打余波呢？这和自己身上莫名其妙的文身有关系吗？看来，陈强已经知道自己和余波的事情了，这些恶作剧肯定都是陈强干的。胡美丽不禁在想："这个心胸狭窄又颇有心计的陈强，怎么会知道我和余波的事情，又怎么会实施这样的阴谋呢？"

胡美丽从同事那儿知道陈强打余波的事后，马上去找到陈强。陈强不在厂里，胡美丽赶回家，见陈强正在一个人喝闷酒。她一把夺过酒杯，质问陈强为什么要打人，自己身上的文身是不是也是陈强干的。陈强去抢酒杯，两个人厮打起来。突然，陈强一下就撕开了胡美丽的上衣，胡美丽肚子上的四个大字赫然在目。陈强一把抱住胡美丽，说："老婆，现在不会有别的男人喜欢你了吧？你也不会再和别的男人偷情了吧？"胡美丽气得把手中的酒杯砸向陈强，并哭喊着要离婚。陈强却不急不慢地说："你和我离婚？别的男人看到你肚子上的字，谁还敢要你！还是安安生生和我一起过日子吧。"

看来，陈强确实是个心胸狭窄又很有心计的男人。那么，他是怎么实施这个阴谋的呢？要完成这一系列的阴谋，必须知道胡美丽和余波的行踪，要能进入胡美丽在宾馆的房间，还要让她昏睡过去。陈强是怎么做到的呢？

其实，余波和胡美丽的暧昧关系早传到了陈强的耳朵里。结婚十多年，最让陈强放心不下的就是胡美丽身边总有一些男人围着她转。这些男人要么比自己有钱，要么比自己长得帅，反正怎么比都比自己强。陈强本来就沉默寡言，后来就越来越自卑。他不放心妻子，每天都在担心妻子与别的男人来往，这使他终日寝食难安。陈强越是这样心胸狭窄，本来对他十分依恋的胡美丽反而越疏离他了，两人的关系渐渐恶化。后来，胡美丽真的有了自己的相好——余波。

陈强哪容得了这样的事情在自己的眼皮子底下发生。他连续跟踪胡美丽和余波好多次了，知道他们利用上班时间到宾馆幽会。好几次他都想捉奸在床，以解心头之恨。但是，他转而又想，一旦自己把这两人捉奸在床，自己和胡美丽的婚姻也会走到尽头。可他不想失去胡美丽，他只想完完全全独自拥有胡美丽，决不允许其他男人染指。

也巧，这家宾馆正好有一个陈强的老乡，陈强就去请他喝酒。酒后边哭边吐露了心中的痛苦，他恳求老乡帮帮他，让妻子能回心转意。他给了老乡几百块钱，要他在下一次余波来开房时，马上电话通知他。老乡早就对胡美丽和余波偷情的事情有看法，很同情陈强，于是答应暗中帮助陈强。这天，陈强接到老乡的电话，说余波又来开了房。陈强听说后一股仇恨涌上心头，不能再让他们得逞，一定要给他们个教训。他赶紧赶到宾馆，进入余波订的房间，将宾馆提供的袋泡茶撕开一个小口，把事先碾碎的安眠药粉末倒进袋中，再把开口粘合，放回原处。他知道胡美丽很喜欢喝茶，到宾馆肯定会泡茶喝。

然后，他就躲在宾馆院子的角落里等待胡美丽。果然，半小时后胡美丽如期而至。此时的陈强，心里像是被戳进了一把冰冷的尖刀，他唯一的欲望就是能拔出这把尖刀去回击那个刺痛他的人。见胡美丽进了房间，陈强又转身赶回工厂，找到正准备离开工厂的余波，借口工资少发把余波拦住，和余波吵了起来。最后拿起茶杯朝余波的脸上重重打了两下。手捂着脸的余波与陈强四目相对，彼此心知肚明，哪里还敢再去宾馆和胡美丽偷情。顾不上胡美丽了，余波自己先去医院看伤了。

陈强离开工厂又到了宾馆，走进房间，胡美丽果然昏睡着。他料想余波不敢再来宾馆，于是，开始实施自己的下一步方案。他掀起胡美丽的内衣，涂上麻醉剂，拿出事先准备的文身工具，在胡美丽的肚子上文上了“我是流氓”四个难看的大字。他要用这四个字，来表达他对妻子红杏出墙的愤恨和警示，“看你以后身上带着这四个字还敢不敢和别人偷情”。陈强是理发师，平时也学会了给爱美的女士文眉毛，现在，他把自己学得很不到家的手艺用在了妻子的肚子上。

知道真相的胡美丽对陈强痛恨至极，但是，木已成舟，这事要是张扬出去，名声扫地的只会是自己和余波。谁让自己理亏在先被陈强抓到把柄呢，无可奈何下只好打落牙齿往肚里咽。陈强因为打了余波，被工厂开除，他失去了工作保住了老婆，从此以后，胡美丽和余波就再也不敢来往了。这件事一晃也过去了三年。这三年里，胡美丽曾试图去把这些字洗掉，但陈强不允许她洗，说如果洗掉还会给她刻上去。就这样，身上那几个丑陋的大字一直伴随着胡美丽，使她每天都生活在屈辱中，再也不见往日的活泼开朗。人到中年的她，最近感到身体越来越不舒服，她一直不敢到医院看病，怕医生看到她肚子上的字，她也从来不敢到公共澡堂洗澡，陈强使她几乎失去了去这些公共场所有的权利。直到病情再也无法拖下去了，胡美丽才不得不到医院检查。

医生初步诊断，胡美丽子宫里长了肿瘤，但到底是恶性还是良性，还需要进一步检查。医生看到胡美丽因为肚子上的字羞愧难当匆匆离开，怕因此耽误治病，根据病人预留的电话号码与胡美丽取得了联系，让她再次去医院检查。最后，经过手术切片检查，排除了恶性肿瘤的可能性，病榻上的胡美丽终于如释重负。

得知女儿动手术的消息后，在老家的胡美丽的母亲赶来照顾女儿。手术后的胡美丽很虚弱，她想在母亲面前尽力掩盖身上的文身，但已经力不从心。当她的母亲看到自己的女儿病成这样，更可恶的是身上还被文上了这么恶毒的四个字，做母亲的哪里受得了。在母亲的追问下，胡美丽只好说出实情。胡美丽的母亲是个明断事理、有主见的农村妇女。她告诉女儿决不能这样忍气吞声过一辈子，女婿陈强这样做是胡作非为，即便是丈夫也不能在妻子身上想干什么就干什么。胡妈妈第二天就到派出所把自己的女婿给告了。

公安机关接到报案，认为陈强的行为可能涉嫌犯罪，于是找到胡美丽了解情况。胡美丽再也无法隐瞒这个令她难以启齿的秘密了。很快，公安机关传唤了陈强。

陈强对胡美丽所说的文身的事实供认不讳，但他不认为自己的行为是犯罪。陈强认为，自己只是对妻子与他人通奸进行报复，为防止妻子再次红杏出墙，才给妻子文身。是妻子胡美丽行为不当，违背夫妻忠实义务在前，自己的行为是野蛮、粗鲁的，但不构成犯罪。那么，陈强的行为是不是犯罪？犯了什么罪呢？是故意伤害罪吗？不是。构成故意伤害罪的条件之一，必须是受害人的受伤程度达到轻伤以上。胡美丽肚子上的文身尽管很难看，但还远没有达到构成轻伤的程度。那还有没有可能构成其他犯罪呢？公安机关内部产生两种意见。

一种意见认为，陈强的行为构成了侮辱妇女罪；另一种意见则认为构成了侮辱罪。这两个罪名很相似，都有侮辱两个字，是不是侮辱的对象是妇女就是侮辱妇女罪呢？不是，这两个罪是完全不同的。

侮辱罪，是指使用暴力或者以其他方法，公然贬损他人人格，破坏他人名誉，情节严重的行为。[①]侮辱妇女罪是指以暴力、胁迫或者其他方法侮辱妇女的行为。[②]侮辱妇女罪要比侮辱罪判得重。两者的关键区别在于行为人的主观目的和动机不同。侮辱罪中的侮辱妇女，行为人目的在于败坏妇女的名誉，贬低其人格，动机多出于私愤报复、发泄不满，这一点与侮辱其他人（包括男性）没有什么区别；而侮辱妇女罪，行为人目的在于寻求下流无耻的精神刺激，满足行为人的畸形性欲。

对照这个区别，陈强的主观目的是发泄自己对妻子红杏出墙的不满，对妻子与他人通奸进行报复，客观上侵害了妻子的人格尊严，而并非寻求下流无耻的精神刺激，满足自己的畸形性欲。所以，陈强的行为构成侮辱罪。

但是，陈强的律师又提出不同意见，他还是坚持陈强无罪。他认为，刑法规定，侮辱罪是公然侮辱他人，使他人的人格受到公然贬损。陈强实施文身行为的地点是在宾馆的房间里，没有第三者在场，不存在胡美丽的人格受到公然贬损的情况，所以不构成犯罪。

但是，尽管陈强在实施文身行为的时候不具有公然性，但胡美丽肚子上“我是流氓”的文身，去医院看病时会被医生看到，去公共澡堂洗澡会被别人看到，去商店试穿衣服会被服务员看到，很多情况下都存在在公共场合被他人看到而受到人格贬损的必然性，所以，其行为的后果具有公然性。对于公然性的理解不能仅仅局限在实施行为的时候是否被其他人看到，还要考虑行为人实施行为的后果是否会被他人知道或看到。所以，陈强涉嫌构成侮辱罪。

根据刑法的规定，一般情况下，侮辱罪是自诉案件，只有被害人自己到法院提起刑事诉讼，法院才受理，公安机关和检察机关不主动介入。

所以，告不告丈夫陈强侮辱罪，决定权不在公安局，而在胡美丽手里。那么，胡美丽会如何决定呢？

胡美丽这么多年一直忍气吞声，主要原因是她觉得自己被文身，是自己理亏在先。自从陈强被传唤后，她终于知道原来陈强的行为是犯罪。胡美丽再三考虑，她不想自己的后半辈子继续在人格的屈辱和人身的限制中度过，毅然提起了刑事附带民事诉讼，并同时提出了离婚诉讼。

到这时，陈强才意识到自己的行为已经构成了犯罪。他悔不当初，痛哭流涕。本来是为了防止妻子红杏出墙，才干出这般荒唐的事情，现在倒好，妻子到法院起诉他，还要和他离婚，自己还可能锒铛入狱，真是愚蠢之极啊！

这个案件因为涉及被害人隐私，法院没有公开审理。法院经过审理，判决两人离婚，也判决陈强构成侮辱罪，判处有期徒刑两年，缓刑两年，同时判决被告支付原告胡美丽民事赔偿，包括原告的整容费、精神损害赔偿费两万元。

因为是缓刑，陈强在缓刑期内痛定思痛，表现良好，两年有期徒刑没有实际执行。外人只知道胡美丽和陈强离婚了，没有多少人知晓离婚的真相。这件事之后，余波也被调离了副总的工作岗位。

判决生效后，胡美丽最想做的事就是赶快洗掉身上的文身。胡美丽在医生和法官的帮助下，将腹部的四个大字洗去，并进行了腹部整形手术。文身是去掉了，但还是在胡美丽的腹部留下了一块块浅浅的疤痕，而且这场风波留给她心灵的伤痛恐怕一生都难以抹去。

洁蕙点评：

妻子感情出轨，违背夫妻忠诚义务是不应该的，但丈夫也绝不能用这种文身的手段来保证妻子的贞洁。法治社会是一个人人平等、尊重人权的社会，维系夫妻感情靠的是真正的情感，而夫妻双方对彼此人格的尊重是婚姻的基础。也许有人会问，如果发现配偶一方有了外遇，但另一方仍希望继续维持婚姻究竟该怎么做才好呢？我想，最好的办法是在彼此尊重的基础上互相沟通，找出产生问题的症结所在，努力去解决问题，修正自身、关爱对方，负起家庭责任。如果这样，仍然不能挽救婚姻，那么，这样的婚姻就让它结束吧。而像陈强那样用伤害对方人格和身体的行为来维系婚姻实在是太愚蠢了。

本案中，还有一个细节，就是那个给陈强通风报信的宾馆工作人员和那家宾馆，在胡美丽被伤害的过程中要不要承担法律责任呢？宾馆有保障住客人身安全的义务，现在，宾馆的工作人员给陈强通风报信，还为陈强打开房间的门，为陈强对胡美丽实施加害行为提供便利，其显然是有过错的。而工作人员的行为是一种职务行为，责任应由宾馆承担。宾馆应该承担胡美丽身体受到伤害的部分责任。但本案中，胡美丽因为家丑不想外扬，最终没有找宾馆承担责任，但严格来讲，宾馆的责任是明显的。那个宾馆工作人员自认为是个热心人，他只是帮了倒霉的丈夫一下，没想到却惹来那么多的麻烦。看来，这样不懂法、不明确自己职责的“热心人”必然“遭来是非多”啊。

法点链接：

①《中华人民共和国刑法》第 246 条：“以暴力或者其他方法公然侮辱他人或者捏造事实诽谤他人，情节严重的，处三年以下有期徒刑、拘役、管制或者剥夺政治权利。

“前款罪，告诉的才处理，但是严重危害社会秩序和国家利益的除外。”

②《中华人民共和国刑法》第 237 条：“以暴力、胁迫或者其他方法强制猥亵妇女或者侮辱妇女的，处五年以下有期徒刑或者拘役。

“聚众或者在公共场所当众犯前款罪的，处五年以上有期徒刑。

“猥亵儿童的，依照前两款的规定从重处罚。”

艳照下的婚姻

关键词 被迫结婚 可撤销的婚姻 婚内强奸

王悦是一名幼儿老师，这天她正给孩子们上课，教孩子们唱儿歌：“两只老虎，两只老虎，跑得快，跑得快。”就在这个时候，王悦的手机震动起来。王悦随手拿起手机一看，顿时惊呆了。手机上一连收到几条彩信，都是一些裸体照片，更不堪的是这些照片是在男欢女爱时拍摄的。王悦很快认出照片上的裸体女郎不是别人，正是自己。孩子们正唱得欢，而此时的王悦老师几乎呆若木鸡，根本无法再继续上课。她对孩子们说：“小朋友们，老师有些不舒服，要休息一下，你们自己好好玩。”说完，一屁股坐在琴凳上，心烦意乱。此时，短信和彩信还在不停地发来。这究竟是怎么回事？这些彩信是谁发来的？当时的王悦还没有结婚，这些裸照又是哪儿来的？

王悦的男友叫李斌，是王悦幼师毕业后交往的第一个也是唯一一个男友。李斌长得英俊潇洒，一表人才，是一名 IT 从业人员。除了李斌有些多疑、小心眼的性格外，王悦对李斌很是满意，两人的关系已到了谈婚论嫁的程度。难道这些彩信是李斌发来的吗？其实不是。王悦和李斌尽管感情很深，但李斌不会拍如此不堪的照片。照片上与王悦男欢女爱的那个男人不是李斌。那他是谁？又是谁发的彩信？他和王悦之间有怎样的瓜葛？王悦既然很爱李斌，为何又与他人发生男女关系呢？

这个发彩信的人叫陈大萌，是李斌的一个客户，他和王悦正是通过李斌认识的。陈大萌近40岁，离异，看上去人很豪爽，与李斌细腻的性格形成强烈反差。他开了一家婚庆公司，他们公司的一套业务软件就是李斌给设计的。李斌和王悦准备结婚了，所以，找到陈大萌请他帮忙筹备婚礼，陈大萌一拍胸脯，说此事包在他身上，而且还硬是不收费用，说算是自己给李斌的一份贺礼。之后，陈大萌因为朋友孩子入学的事找王悦帮忙，王悦帮了忙，陈大萌又请王悦吃饭。这样一来二往，王悦与陈大萌之间的关系更近了。在交往中，王悦渐渐感觉到陈大萌对自己颇有好感，经常找机会接近自己，而且常常避开李斌。王悦对陈大萌没什么特别的感觉，只是感觉他比较豪爽，但有时又感觉豪爽过了头，有些霸道。但对方毕竟是李斌的朋友，而且全免了他们将来的婚庆费用，怎么也得给他一些面子。

一次，李斌到王悦工作的幼儿园接她，没想到在门口遇见了陈大萌。陈大萌主动和李斌打招呼，李斌说怎么那么巧。陈大萌落落大方地说有个朋友的孩子想进这家幼儿园，正是去找王悦帮忙的。李斌已经隐隐感觉到陈大萌与王悦走得太近了，心里蒙上了一层不快。李斌接上王悦两人一起去看电影，李斌差点随口说出刚才在幼儿园门口遇到陈大萌的事。可转而一想，自己慢点说，看看王悦会不会主动提这事。可王悦呢，知道李斌小心眼，凡是喜欢多想，不想多事，所以，就没有告诉他陈大萌来找自己的事。这下，李斌老大不高兴，开始质问王悦："今天有谁去找你了？"王悦一时没反应过来，随口说"没有啊"。李斌追问："真的没有？我都看见了，还说没有"。这时，王悦意识到李斌指的是陈大萌，王悦也不甘示弱，回应道："难道我什么事都要向你汇报吗？"就这样两人开始吵了起来，本来好好地看场电影，最后却不欢而散。

一连几天，李斌都没有给王悦打电话。王悦打他电话，也都被他挂断了。王悦没想到为这事，李斌会如此不高兴。自己又没做什么对不起他的事，有这样小心眼的吗？王悦也生气了，决定不再主动给李斌打电话。又过了几天，李斌终于给王悦打来电话，王悦一看是李斌的来电号码，当时是很欣喜。不料，接通电话后，王悦的笑容在一瞬间凝固了。只听得李斌在电话中说："反正我们的婚礼也不会再让陈大萌做了，我也不想和你结婚了。我们分手吧。"听到李斌说要和自己分手，王悦非常气愤地说："分手就分手，离了谁都能过。”说完，狠狠地挂了电话。

王悦恨李斌的小心眼，又爱李斌的率真和才华。失恋后的王悦，痛苦不已，每天借酒浇愁。这天，正好陈大萌给她打电话，王悦在电话里哭了。陈大萌问她怎么回事，王悦不断抽泣。陈大萌二话没说叫王悦立刻出来喝酒。席间，陈大萌知道了王悦哭泣的原因，大笑起来，说：“我以为是啥事呢，就这么点事至于那么伤心吗？你那么年轻，又长得那么可爱、漂亮，职业又好，何愁找不到老公啊！我就喜欢你。”接着，陈大萌一把抱住王悦，以命令的口吻要王悦出去散散心，说要陪王悦到杭州去玩两天。容不得王悦说什么，这事就这样定了。

王悦想这样也好，出去散散心可以减轻失恋的痛苦，暂时忘了李斌。第二天，王悦请了公休假，和陈大萌一起坐火车去杭州。到了杭州，两人下榻西湖边上的五星级宾馆。白天，两人泛舟西湖，漫步苏堤，俨然一对情侣。晚上，两人在楼外楼喝酒，王悦又喝醉了，陈大萌把她扶回宾馆。那几晚，本来就不胜酒力的王悦拼命喝酒，每次都喝得烂醉，怎么回的酒店，怎么被脱去衣服，完全不知道。就这样，陈大萌乘着王悦喝醉，与她多次发生了男女关系。

从杭州回来后，王悦觉得原本痛苦的情绪非但没有减弱，反而因为和陈大萌一起出游感到一份隐隐的不安和后悔。反正，王悦的情绪糟透了。

而此时，陈大萌每天给王悦打来电话，也常常来找王悦。陈大萌开始明确向王悦求婚。他对王悦说很喜欢她，而且自己已近40岁了，很渴望开始新的人生，既然王悦已经和李斌分手，请王悦考虑嫁给他。说句心里话，王悦是不喜欢陈大萌的，王悦喜欢有才华的人，陈大萌不但没什么才华，还很霸道。王悦和陈大萌来往，只是为了逃避失恋的痛苦。所以，王悦拒绝了陈大萌的求婚。但是，陈大萌不依不饶，紧追不舍，天天来找王悦，搞得王悦心烦意乱。这几天，王悦看到陈大萌来电话，就紧张发怵。

后来，王悦突然收到一连串的彩信，这些彩信的内容都是自己赤身裸体和男人在一起的镜头。原来这些彩信都是陈大萌发的。陈大萌和王悦同游西湖的晚上，趁王悦喝醉酒与王悦发生了性关系，还把王悦与自己做爱的画面全部拍摄了下来。他见王悦回到家后不理自己了，就发了这些彩信，随彩信还附了留言：如果王悦不和自己结婚，那么，他会把这些照片都发出去，尤其会发到王悦工作的幼儿园，看看哪个幼儿园会留用生活如此不检点的老师。收到这样威胁的短信，王悦很想立刻去报警，也想马上告诉李斌。但是转而又想，这些照片都是真实的，这种事抖搂出去，只能对自己不利；幼儿园知道这件事，怎么可能让自己继续在那里工作？父母、亲朋好友会怎么看自己，自己会被吐沫星子给淹没了。看来只能把苦水往肚子里咽了。

接到彩信后，王悦主动给陈大萌打了电话，她同意和陈大萌见面。陈大萌见到王悦，对王悦说，如果王悦和他结婚，他就会销毁所有照片，何况，即便不销毁照片，他们既已是夫妻，这些照片也就无所谓了。就这样，在陈大萌的胁迫下，王悦不得不答应了陈大萌的要求，和陈大萌结婚。

就在王悦答应嫁给陈大萌的第二天，李斌又来找王悦，要求重新和好。他检讨自己的小心眼，对说出分手的话十分后悔。分手的这些日子，食不知味，夜不能寐，他觉得自己是离不开王悦的，请求王悦能原谅自己。王悦是真心爱李斌的，所以，面对要求重新和好的李斌，王悦简直是肝肠欲断，她后悔当初赌气离开李斌与陈大萌出游杭州，后悔一时糊涂喝醉了酒与陈大萌发生了关系，可是，这一切在当时的王悦看来，早就木已成舟，悔时已晚矣。王悦觉得自己已经身不由己了，她冷冷地告诉李斌，她已经准备和陈大萌结婚了。李斌不敢相信这是真的，追问为什么。王悦的眼泪默默地流了下来，她擦干眼泪，咬了咬嘴唇，说是被逼的，自己犯下的错只能由自己来承担后果。不久，王悦和陈大萌举办了隆重的婚礼。陈大萌是开婚庆公司的，婚礼之隆重和新颖自然不必说。

婚后，陈大萌表现出对王悦极大的占有欲。而王悦，内心对陈大萌充满了憎恶，若不是因为陈大萌如此卑鄙下流拍下那些照片，王悦怎么可能嫁给他呢？所以，每次陈大萌要过夫妻生活，王悦都百般推脱。一次，王悦的推脱激怒了陈大萌，他一下把王悦从床上抓起来，撕碎了王悦的睡衣。

就这样，在陈大萌的淫威下，王悦和他的婚姻持续了大半年，此时的王悦已经脸色憔悴，再无往日的神采。在忍无可忍之下，王悦拨打了当地妇女维权求助热线，讲述了自己的不幸遭遇，咨询应该如何维权。

这条求助热线是当地妇联开设的，旨在依法维护妇女的合法权益。妇联工作人员接到王悦的求助电话，立刻安排她到妇联面谈。王悦将自己的遭遇一五一十地告诉了妇联的同志。妇联的妇女维权法律工作者听完王悦的讲述，非常同情王悦，也给王悦分析了目前婚姻不幸的根本原因，指出当初草率同意与陈大萌出游杭州和同意与其结婚就是为不幸的婚姻埋下了祸根。之后，妇联的同志又联系了陈大萌，试图先通过调解的方法解决他们之间的矛盾。不想这个陈大萌根本不予理睬，将妇联的同志关在门外。多次协调无果，法律工作者建议王悦通过法律途径来结束噩梦般的婚姻。他们认为王悦和陈大萌的婚姻是可以撤销的，完全可以到法院要求撤销该无效婚姻。那么，法律工作者为什么会认为王悦和陈大萌的婚姻是可以撤销的呢？因为婚姻法有规定，只要是被胁迫结婚的，可以在结婚一年内到法院或民政机关撤销婚姻。①

幸好王悦和陈大萌的婚姻还不到一年，否则，超过一年就无法撤销婚姻了；幸好当时陈大萌发给王悦的威胁短信和彩信，王悦都保留着，否则很难证明自己是被胁迫结婚的。妇联的法律工作者建议王悦将这些彩信送到公证处去办理公证，并能联系前男友李斌，请他出来作证，然后向法院起诉。王悦一开始还羞于迈出这一步，她说本来到妇联来说出这些丑事都已经很难为情了，现在还要到公证处和法院去，那自己的脸更没处搁了。说完，便哭了起来。法律工作者耐心地开导她："这些证据是足以说明当初结婚是受胁迫的，这是很重要的证据，可到了法庭上，不能直接把手机交上去，提交的证据需要符合法律要求的形式。做公证固定证据是必要的。再说，你如果因为怕丢人，不愿意起诉，很快会过了一年的撤销婚姻的法定时效，到时再后悔就来不及了！"在法律工作者的劝导下，王悦终于鼓足勇气走向了法庭。而且，在法律工作者的帮助下，她又与李斌取得了联系。两人相见，四目相对，万千滋味只有他们自己知道。当李斌得知王悦的遭遇后，紧紧抱住王悦，流下了伤心的眼泪。但是，就在王悦起诉法院撤销婚姻的期间，又发生了一件意想不到的事。王悦决意起诉后，就搬回娘家住了，但是当时正好换季，她要回陈大萌的家拿换季衣服。本来想让李斌陪她去的，那天李斌正好出差，王悦就独自回陈大萌的住所拿换季衣服。本来计算好了陈大萌不在家的时间，没想到陈竟然在家。原来陈大萌那些日子心情极度郁闷，请假在家，他也没想到王悦会回来。他一见王悦，心中腾然跃出一股不可遏止的怒火。他立刻上前关上房门，王悦想夺门而出已经来不及了。陈大萌一把抓住王悦，将王悦双手反绑起来，并用膝盖狠命顶住王悦的腹部，王悦一时疼得倒在床上，陈大萌趁势再次强行与王悦发生了性关系。然后，趁陈大萌上洗手间之际，王悦换上衣服逃也似的奔了出去，立刻跑到附近派出所报了案，并在派出所的安排下验了伤。当时，王悦的腹部和胸部都被抓伤。

法庭上，陈大萌极力否认胁迫王悦结婚的事实，称发这些彩信是开玩笑，并不是真的逼王悦和自己结婚，后来王悦和自己结婚完全是出于自愿。但是，法官根据王悦提交的彩信证据和王悦与陈大萌的交往时间以及李斌的证词，认为原告王悦是受被告陈大萌胁迫而结婚的，根据婚姻法第 10 条规定，判决撤销了原被告的婚姻关系。

拿到法院判决书的时候，王悦悲喜交加，想想这大半年自己身体上、精神上所受的委屈，她扑在前来看望她的李斌身上，号啕大哭起来。王悦一边哭一边说：“这段婚姻从一开始就是无效的，他一直强迫和我发生性关系，而且，在我起诉要求撤销婚姻期间，他还强迫和我发生性关系，这算不算强奸呀?”此时的李斌对陈大萌更是恨之入骨。是陈大萌破坏了自己和王悦之间原本幸福的感情。李斌发誓，绝不轻易饶恕陈大萌，一定要让他付出惨痛的代价。他要帮助王悦告陈大萌构成强奸罪，让陈大萌饱受牢狱之苦。

那么，原本是受胁迫结的婚，婚姻关系被撤销前，所谓的“夫妻”之间的性行为是否合法呢？如果违背女方意愿的话，是否构成强奸罪呢？

接下来的日子，李斌到处托朋友找律师，决意要告陈大萌构成强奸罪。

李斌找了一位擅长刑事案件的律师。律师认为，陈大萌的行为已经涉嫌构成强奸罪，代表王悦向法院提起诉讼，要求依法对陈大萌进行刑事处罚。

此时，陈大萌也聘请了律师，法庭上，控辩双方展开了激烈的辩论。

陈大萌辩护律师认为，尽管现在陈大萌和王悦的婚姻被撤销了，但在没有撤销之前，陈大萌依然是王悦的丈夫，王悦依然是陈大萌的妻子。配偶间的自愿性生活已作为婚姻契约中的一个当然组成部分而受到法律认可，只要婚姻契约不解除，性生活的合法性就不容置疑。丈夫与妻子进行性行为是其在行使自己受法律保护的权利，作为妻子有义务应丈夫的要求与其进行性行为。因而，丈夫在当时的情况下虽然采用的手段不当，但不能因此而定其为强奸罪。

而王悦的代理律师认为，强奸罪是指以暴力、胁迫或者其他手段，违背妇女的意志，强行与其发生性交的行为。[②]这里的妇女并没有把妻子排除在外，而是否违背妇女意志是关键所在。很明显，婚内强奸符合这个条件。所以，即便是合法婚姻内的强奸，都可能构成强奸罪，况且，被害人本就是在被告人胁迫下，被迫与之结婚的，可见，该婚姻本身就违背了妇女的意愿。现在，经被害人起诉，法院已经依法撤销了该婚姻。这已经充分证明被害人与被告人的婚姻本身就是不合法的无效婚姻，在这样的不合法婚姻内的强奸，比合法婚姻内的强奸行为性质更恶劣，具有更大的社会危害性。所以，原告律师认为，被告人的行为已经构成强奸罪。

最后，法院根据王悦的报案记录，验伤单等证据，以及民事法庭撤销婚姻判决等证据，认为被告人用胁迫手段与被害人结婚，在婚姻关系内，经被害人指证多次强行发生性关系。尤其在被害人起诉到法院，请求撤销婚姻期间，被告人仍违背女方意愿，强行与之发生性关系，致使女方腹部、胸部多处受伤，手段恶劣，社会危害性大。根据刑法第236条规定，判定被告构成强奸罪，依法判处有期徒刑三年。

被告人陈大萌不服一审判决，提起上诉，二审法院驳回上诉，维持原判。在男女感情上恣意妄为的陈大萌终于受到了法律的惩罚。而王悦也为自己的冲动、草率付出了沉痛的代价。好在最后，她和李斌终于冰释前嫌，重归于好，开始了新的生活。

洁蕙点评：

从这个案例中我们再次看到，男女结合必须是双方自愿，才能两情相悦。来自任何一方的强迫都不可能有幸福可言，甚至还可能酿下悲剧。王悦也为曾经对“性”和“婚姻”的草率和鲁莽，付出了惨痛的代价。

当我向很多观众和听众讲述这个案例的时候，绝大多数人根本不知道有这条法律。有的朋友听完案例，兴奋地问我：“我结婚前，婆婆生病，当时老公吓唬我说，算命先生说，如果我不和他立刻结婚，他妈就要死了。所以我才和他结婚的。现在我们关系不好，能不能撤销我的婚姻?”还有的问：“当初是我老公威胁说，如果不嫁给他，他就自杀，我才嫁给他的，能不能撤销我们的婚姻?”

婚姻可不是想撤销就能撤销的。最高人民法院婚姻法司法解释一规定，胁迫结婚的胁迫是指：胁迫的一方以给对方或者对方的近亲属的生命、身体健康、名誉、财产等方面造成损害为要挟，迫使对方和自己结婚。其他的威胁，比如，威胁对方如果不结婚就自杀、自残等，都不属于婚姻法上说的胁迫结婚，不能撤销婚姻。

本案中，陈大萌以裸照为要挟，迫使王悦同意和他结婚，完全符合司法解释中对“胁迫”的解释。另外，本案胜诉的关键是王悦保留了所有证据，如果没有证据证明自己受到胁迫，也无法撤销婚姻。

法点链接：

①《中华人民共和国婚姻法》第11条：“因胁迫结婚的，受胁迫的一方可以向婚姻登记机关或人民法院请求撤销该婚姻。受胁迫的一方撤销婚姻的请求，应当自结婚登记之日起一年内提出。被非法限制人身自由的当事人请求撤销婚姻的，应当自恢复人身自由之日起一年内提出。”

第 12 条："无效或被撤销的婚姻，自始无效。当事人不具有夫妻的权利和义务。同居期间所得的财产，由当事人协议处理；协议不成时，由人民法院根据照顾无过错方的原则判决。对重婚导致的婚姻无效的财产处理，不得侵害合法婚姻当事人的财产权益。当事人所生的子女，适用本法有关父母子女的规定。"

②《中华人民共和国刑法》第 236 条第 1 款："以暴力、胁迫或者其他手段强奸妇女的，处三年以上十年以下有期徒刑。"

③《最高人民法院关于适用〈中华人民共和国婚姻法〉若干问题的解释（一）》第 10 条："婚姻法第十一条所称的'胁迫'，是指行为人以给另一方当事人或者其近亲属的生命、身体健康、名誉、财产等方面造成损害为要挟，迫使另一方当事人违背真实意愿结婚的情况。

"因受胁迫而请求撤销婚姻的，只能是受胁迫一方的婚姻关系当事人本人。"

第 11 条："人民法院审理婚姻当事人因受胁迫而请求撤销婚姻的案件，应当适用简易程序或者普通程序。"

第 12 条："婚姻法第十一条规定的'一年'，不适用诉讼时效中止、中断或者延长的规定。"

一夜情留下的悔恨

关键词 敲诈勒索罪 收养法

一天，王凯接到一个神秘女子的电话。在电话里，对方对王凯说，她一年前曾与王凯有过一夜情，叫小艳，现在，她生下了王凯的孩子，希望王凯能支付孩子的抚养费。她给了王凯一个银行账户，要他立刻汇两万元钱过去。说如果一个星期内没有收到钱，她就会去找王凯的老婆，告诉王凯老婆这件事的真相。

这个女人究竟是谁？王凯有没有和她有过一夜情？这个女人说生下了王凯的孩子，又是不是真的？

王凯，今年35岁，是一家网络公司的销售员。他的妻子赵玲和他是一个单位的。赵玲和王凯谈恋爱的时候，还只是公司的出纳，但赵玲对待工作极其认真负责，没几年就升为公司的财务主管。两人结婚十年，有一个8岁的女儿。本来，王凯和赵玲的婚姻生活是非常美满和谐的，但是，结婚时间长了，加上赵玲经常忙于工作而疏于与王凯的感情沟通，渐渐的，王凯觉得单调平淡的婚姻生活已经使他失去了兴趣。他想寻找生活的“新鲜内容”。于是，他开始偷偷上那些寻找一夜情的网站，试图找到他所谓的“新鲜内容”。就这样，他在网上认识了一个叫小艳的年轻女子。而小艳呢，在网上欣然同意与王凯发生一夜情。两人一拍即合，于是就相约见面，并在酒店度过了一个夜晚。当时，王凯把电话号码留给了小艳。之后，两人再也没有来往，一年多过去了，王凯也早已把小艳忘记了。现在，王凯万万没想到，这段一夜情竟然会惹出这么大的麻烦。

接到电话，王凯本能地判断，这个小艳肯定是个骗子，不可能有什么孩子，她的目的无非是为了敲诈钱。王凯当场在电话中回复："我根本不认识你。"同时否认与对方有过一夜情。不料对方说："我知道你身体的每一个细节特征，包括你的私密部位的细节特征和你的习惯动作，如果没和你有过一夜情，我怎么会知道得那么详细呢?"听对方这么一说，王凯差点晕过去，气也短了一大截。他的语气不像一开始那样坚决了，他让对方给他几天时间考虑。随后的几天，王凯思来想去，觉得，如果不给钱，这个女人真的去找赵玲，那事情不就搞大了吗？到时候，自己名誉扫地不算，赵玲肯定要和自己离婚。两万元钱对王凯来说，也不算什么大数字，为了这点钱似乎不值得弄到这般田地。于是，王凯决定先满足对方的要求，向对方的账户汇了两万元钱。果然，钱汇出了，神秘女人的电话就没有打来，王凯悬起的心正准备落下。不料，过了半年，这个神秘女子的电话又来了，她说两万元钱都给孩子花完了，要王凯再汇两万元。这次，王凯有些恼火，决定不再汇钱。但是，这个女人的电话不断打来，看样子似乎真的要去找赵玲了。王凯万般无奈之下，又给那个女人汇了两万元钱。从此，即便神秘电话不打来，王凯每天也是心神不宁，提心吊胆生怕电话又打来。果然，这次还没到半年，神秘电话又打来了。这回王凯觉得不能再忍耐下去了，再这样下去，自己可能会被逼疯了。自从神秘电话第一次打来，他就没过过安生日子。原本想给平淡的生活找点刺激，没想到找来的却是如此担惊受怕的感觉。而且，自己满足了对方一次，她就来第二次、第三次，这样下去就成了无底洞，那何时才能结束呢？王凯经过几天几夜的犹豫，终于决定自己先向妻子赵玲坦白这件事，承认错误，取得妻子的原谅，然后，再去公安局报案。那么，妻子赵玲会原谅王凯曾经的一夜情吗？对此，王凯本人也是心情忐忑。

那天晚上，王凯特地提早回家，把女儿送到外婆家，把饭菜都准备好，等着赵玲回来。夫妻俩近几年来第一次在家里点着烛光享受着浪漫的情调。几杯酒下肚，王凯壮了壮胆，开始向妻子和盘托出一年前的那场一夜情和现在遭遇到的麻烦。听完王凯的叙述，赵玲一头伏在饭桌上，由轻声抽泣进而到大声哭了起来。没想到丈夫这么用心营造的浪漫竟然是为了告诉自己这样一个荒唐的事情。王凯正想上去抚摸赵玲颤抖的脊背，不料，赵玲猛一起身，给了王凯两个耳光。然后，拿起酒杯把酒泼向王凯。还没等王凯发话，赵玲就冲王凯吼道："我要和你离婚!"说完，夺门而出。王凯擦去脸上的酒追出去，早已不见赵玲的影子。

赵玲跑回了娘家。赵玲的母亲是一名中学教师，她听完赵玲的哭诉，平静地说："其实，我知道你内心既有对王凯背叛自己的愤怒、伤心和委屈，也有对他能主动坦白的一种安慰。不要出了事就把责任往别人身上推，我相信你是一个理智的女人，你也好好想一想。出了这件事难道你自己就没有半点责任吗？妈是过来人，我的话你应该听一听。"听母亲这么说，赵玲从愤怒的哭泣中渐渐冷静下来，她想，也许是自己平时工作太忙了，忽略了对王凯的关心，忽略了夫妻感情的保鲜。正在这时，王凯一路找来了，岳母开门让他进来，说："你们都不要冲动，好好谈谈。"说完就进了里屋。王凯一下跪在妻子面前，说他现在非常悔恨，实在对不起妻子。他愿意用妻子要求的任何方式来赎罪，只要妻子能原谅他，不离婚。此时，气已经消了一大半的赵玲抬起头说："事已至此，埋怨也没有什么用了，只要你能认识到错了就好。我想，我们还是要站在一起勇敢面对那个魔鬼一般的女人!"王凯听到妻子如此宽宏大量、识大体的表态，立刻站起身紧紧地抱住了她。

第二天，夫妻俩一起赶到公安局报案。公安机关很快立案侦查。公安机关根据王凯提供的线索，很快在市郊结合部的一幢民宅里找到了租住在那里的被赵玲称为"魔鬼一般的女人"。小艳，真名孙艳，家在外地，无业，曾经在酒店做服务员。目前，她确实一个人带着一个一岁多的孩子，而且坚称孩子就是王凯的。经进一步调查，孙艳正罹患癌症，一边独自抚养孩子，一边接受治疗，生活非常艰难。两位女民警与孙艳做了一次深入的交谈，了解到了孙艳的生活情况，以及她为何要给王凯打电话索要金钱的真实原因。

孙艳今年28岁，她的父亲很早就去世了，母亲在她很小的时候就改嫁了，她从小跟奶奶生活，吃百家饭长大。缺少父母之爱的孙艳后来有了男朋友，不料，两年前，男友抛弃了她。这个男友可以说是孙艳唯一可以依靠的人，最终却背叛了她，这使年轻的孙艳产生了报复、玩弄男人的心态。孙艳开始出入各种网吧，专上那些提供一夜情交往的非法网站，在网上认识各种各样的男人，并和他们发生一夜情，以此来发泄自己内心的痛苦，寻求一种虚妄的满足。两年前，她在网上认识了王凯，两人在宾馆发生了一夜情。当时，孙艳对王凯颇有好感，相比较她遇到的其他男人，她觉得王凯还算是个体贴女人的好男人，于是，主动问王凯要了他的手机号码。但两人没有联系。过了一个月，孙艳发现自己怀孕了，就在她准备去医院做流产手术的时候，她意外被诊断出患有甲状腺肿瘤。肿瘤是早期的，也算发现及时。孙艳认为，如果没有这次怀孕，她的恶性肿瘤可能还不会那么快被检查出来。孙艳觉得是腹中的这个小生命在救她，她突然产生一种要留下这个生命的强烈欲望。即便自己死了，也要留下这个孩子来延续自己的生命。于是，她在医生的帮助下，边接受药物治疗，边继续妊娠，最后生下了一个5斤多重的早产男婴。现在，这个孩子已经在牙牙学语了，甚是可爱。孩子出生后，孙艳的病情进一步恶化，而且孩子的养育费和自己治病的花销越来越大，以前的积蓄已经全部花完了。这时，她想到王凯。一来她留下了王凯的电话，联系他比较方便；二来，她认为这个孩子应该是王凯的，其实她内心里是希望这个孩子是王凯的。孙艳想来想去，找王凯支付孩子的抚养费是最合适的。但是，转而又想，王凯会承认这个孩子是他的吗？他有老婆孩子，他肯定不会承认的，可现在自己急需要钱，不能再犹豫拖延了，于是，就拨通了王凯的电话。要了一次后，就有了第二次、第三次，直到这次警察找上门来。

女民警听完孙艳的讲述，既同情孙艳的不幸遭遇，又痛恨她对自己的极端不负责任。那么，孙艳给王凯打电话要汇款的行为是否构成犯罪呢？关键就得看这个孩子究竟是不是王凯的。如果是王凯的，那么，孙艳的行为就不构成犯罪；如果不是王凯的，那么，孙艳就涉嫌犯罪了。这个孩子究竟是不是王凯的？这也是当时所有办案人员和王凯夫妇最关心的问题。

鉴别这个问题的办法倒是非常简单，那就是做亲子鉴定。王凯本人也觉得，孙艳除了和自己有过一夜情，也和其他男人有过一夜情，怎么能肯定这个孩子就是自己的呢？那么，亲子鉴定的结果会怎样呢？

等待鉴定结果的几天里，王凯的心提到了嗓子眼上。几天之后，结果出来了，孩子不是王凯的。听到这个消息，王凯如释重负。而此时的孙艳，却非常失落懊丧。

王凯之所以会给孙艳汇钱，是因为害怕孙艳去找自己的老婆告发自己的一夜情，因此产生了恐惧心理而把钱汇过去的，所以，孙艳的行为构成了敲诈勒索罪[①]。根据刑法和相关司法解释的规定，孙艳敲诈勒索了四万元，已经属于数额巨大，应处三年以上十年以下有期徒刑。也就是说，完全按照法律条文，孙艳至少要坐三年牢。可这对于一个身患重病还带着一个孩子的女人来说，不是太残酷了吗？所有的人都在等待着司法机关对孙艳命运的最后裁决。

这期间，王凯和赵玲经常去看望孙艳和孩子，他们在了解了孙艳的不幸后，对孙艳的憎恨渐渐变成了同情。他们没有要求孙艳返还已经汇去的四万元钱，反而还给了孙艳5000元钱让她给孩子买奶粉。赵玲给孩子买了一些玩具，孙艳看到王凯夫妇对自己和孩子那么好，也被感动了，她为自己以前的行为感到深深的愧疚。

为了能减轻孙艳的罪责，王凯夫妇还专门写了一封信给公安机关，表达了作为被害人已经原谅孙艳的行为，请求从轻处理孙艳的愿望。最后，公安机关将案件移送给了检察机关，检察机关在审查起诉过程中，充分考虑到孙艳敲诈王凯也有一些迫不得已原因，她的主观恶性比那些一般的敲诈勒索犯罪分子要小得多；而且，被害人王凯已经明确表示原谅了孙艳的行为；王凯作为被害人，确实也与孙艳有过一夜情，被害人本身也有过错，可以减轻加害人的责任。所以，综合这些原因，检察机关认为，孙艳的犯罪行为情节显著轻微，酌情不起诉。

接到这样的处理决定，孙艳如释重负。但接下来的当务之急是，必须尽快找到孩子的亲生父亲，让亲生父亲来承担抚养孩子的责任。地段民警和王凯夫妇开始为这件事情努力。他们让孙艳尽可能准确地判断孩子的亲生父亲究竟是谁。那么，孙艳能否提供孩子亲生父亲的线索，找到孩子的亲生父亲呢？

和孙艳交往的男性，大多通过网络和孙艳联系，而且，他们在一夜情之后没有再来往，所以，很难找到重要线索。即便有聊天记录，也无法据此要求对方去做亲子鉴定。因为没有直接证据，所以，无法找到孩子的亲生父亲。孙艳为当初尝试一夜情，付出了沉重的代价。

“可孩子是无辜的，不能因为父母的过错让孩子受罪啊！”王凯和赵玲看着可怜的孩子心里这样想。赵玲是个理智的女性，她在知道丈夫出轨与他人发生一夜情之后，没有失去理智大吵大闹，而是选择原谅丈夫，并和丈夫一起面对生活的考验。赵玲同时也是一个善良的女性，当她看到一岁的孩子由于母亲重病而没有母奶吃，只能吃劣质奶粉，身体已经由于严重营养不良而变得头大身子小的时候，心里甭提有多心酸了。她非常可怜这个孩子，萌发了要收养这个孩子的想法。这天，从孙艳处回来，赵玲就和王凯说出了这个想法，王凯一听跳了起来，说：“你是不是昏了头了，这个孩子又不是我王凯的，你收养下来，外人会怎么看？他们以为真是我王凯一夜情生了个孩子呢！再说，你一厢情愿要收养孩子，人家孙艳愿不愿意，舍不舍得，还不知道呢！不行，坚决不行。”赵玲见王凯那么反对，也没有再坚持。

可是，不久便传来了孙艳病情恶化住院治疗的消息，那孩子怎么办呢？赵玲就想先把孙艳的孩子接过来住些日子再说。孩子被接了过来，赵玲的女儿，很喜欢这个小弟弟，她给这个小弟弟取名小萝卜头。有了小萝卜头，原本孤独的女儿有了玩伴，懂得谦让，也学会照顾别人，独生子女特有的很多毛病一扫而光，家里也热闹了。这样的日子过了三个月，原本瘦小羸弱的小萝卜头渐渐长胖了，脸上有了婴儿特有的红润气色。当王凯一家与小萝卜头建立起深厚感情的时候，孙艳出院了。这意味着小萝卜头要离开王凯家了。可是，王凯的女儿哭得泪人似的，就是不让把小萝卜头送走。在这样的情况下，王凯夫妇不得不面临再次商量是否要收养小萝卜头的问题。看到女儿自从有了小弟弟以后变得懂事了，看到小婴儿在赵玲怀里酣然入睡的样子，王凯没有任何理由再拒绝这个孩子。而且，孙艳的病情那么严重，很难独立抚养这个孩子。考虑到这些，王凯向妻子和女儿让步了，他说："既然这个孩子和我们家那么有缘，看来是老天的旨意，那就留下他吧！"听到爸爸终于同意留下小萝卜头了，女儿开心得跳起来欢呼。接着，王凯夫妇就开始忙着了解有关收养的法律规定，并和孙艳商量收养孩子的问题。孙艳听了王凯夫妇的想法，感动得热泪盈眶，她只提出一个条件，就是能够经常见到自己的儿子，其他都听从王凯夫妇的意见。本来，双方的意思一致，你情我愿，孩子又需要收养，去办理相关收养手续就可以了，但没想到，收养小萝卜头的问题可没有他们想象得那么简单。

收养法第6条规定，收养人必须具备四个条件：无子女、有抚养教育被收养人的能力、未患有在医学上认为不应当收养子女的疾病、年满30周岁。[②]王凯夫妇符合其他三个条件，唯独有一个条件不符合，那就是他们有一个女儿，不是无子女。那么，他们还可以收养其他孩子吗？根据收养法规定，只有收养孤儿、残疾儿童或者社会福利机构抚养的查找不到生父母的弃婴和儿童，收养人才不受无子女和只能收养一名儿童的限制。现在，小萝卜头的母亲还在，不是孤儿也不是弃婴，也不属于残疾儿童，所以，按照法律规定，王凯夫妇无权收养小萝卜头。那能够帮助孙艳和小萝卜头的办法，只有将小萝卜头寄养在自己家里了。他们想等孙艳身体恢复一些后再把孩子送回去。由于孩子寄养在王凯家，孙艳感觉身体又稍有恢复就出去打工了。她想用自己的劳动来挣钱看病，养活孩子。但是，终因劳累过度，一年后，孙艳病情加重，不久便离开了人世。在弥留之际，孙艳对去看她的赵玲和王凯说出了自己的悔恨：眼看自己将不久于人世，留下可怜的孩子，悔恨自己的一夜情害了自己也害了孩子。

孙艳不幸去世，孩子的父亲又查找不到，小萝卜头就成了孤儿。根据法律规定，王凯夫妇收养孤儿，就可以不受必须没有子女的限制。孙艳去世后，王凯夫妇到民政部门办理了收养小萝卜头的手续。从此，小萝卜头成了王凯一家的新成员，一家四口其乐融融。为了照顾小萝卜头，王凯和赵玲也是忙得不亦乐乎。小萝卜头的存在，是王凯人生中那段过失的记录，始终在提醒他作为一个男人的责任。现在，王凯是妻子心中的好丈夫，孩子心中的好爸爸。

洁蕙点评：

王凯因厌倦平淡的家庭生活而涉足一夜情，到最后，能与妻儿一起帮助曾失足又患病的孙艳，这个案子，让我们看到人性的晦暗，也让我们看到人性的光辉。在此，赘述法律问题已经显得多余，我感动的是，王凯妻子赵玲处理家庭危机的智慧。面对丈夫曾经的一夜情，她没有大吵大闹，因为愤怒而失去理智，而是以女性的宽容、爱心将一件家庭丑闻转化为一起感人的助人事件，这不得不令人佩服。赵玲的做法值得一些正面临类似家庭婚姻危机的女性学习。

法点链接：

①《中华人民共和国刑法》第274条："敲诈勒索公私财物，数额较大或者多次敲诈勒索的，处三年以下有期徒刑、拘役或者管制，并处或者单处罚金；数额巨大或者有其他严重情节的，处三年以上十年以下有期徒刑，并处罚金；数额特别巨大或者有其他特别严重情节的，处十年以上有期徒刑，并处罚金。"

《最高人民法院、最高人民检察院关于办理敲诈勒索刑事案件适用法律若干问题的解释》第1条："敲诈勒索公私财物价值二千元至五千元以上、三万元至十万元以上、三十万元至五十万元以上的，应当分别认定为刑法第二百七十四条规定的'数额较大'、'数额巨大'、'数额特别巨大'。"

②《中华人民共和国收养法》第4条："下列不满十四周岁的未成年人可以被收养：

（一）丧失父母的孤儿；

（二）查找不到生父母的弃婴和儿童；

（三）生父母有特殊困难无力抚养的子女。”

第6条：“收养人应当同时具备下列条件：

（一）无子女；

（二）有抚养教育被收养人的能力；

（三）未患有在医学上认为不应当收养子女的疾病；

（四）年满三十周岁。”

第8条：“收养人只能收养一名子女。

“收养孤儿、残疾儿童或者社会福利机构抚养的查找不到生父母的弃婴和儿童，可以不受收养人无子女和收养一名的限制。”

后　记

2011年3月24日，我把一个月的全部工资汇给了一个5岁女孩的父亲。这个女孩在一岁时被滚烫的开水烫伤，身体各部位严重地粘连在一起，因家庭贫困，一直没有手术治疗。现在孩子已经5岁了，再不做手术的话，孩子的命也难保了。在媒体的关注下，大家纷纷捐款，让女孩能完成第一次手术。捐款的这一天，我永远难忘，因为也正是在这一天，我接到央视十二频道《法律讲堂》主编杨晖的电话，他告诉我，上海市法律援助中心报送的由我主讲的关于上海市黄浦区司法局长潘鹰芳同志热心法律援助先进事迹的节目，通过了《法律讲堂》节目组的审查，可以正式作为“法律援助在行动”专题片拍摄播出了。这个节目讲述的是，潘局长如何帮助一个18岁外来务工者维权的故事。一名青年在连续加第五个夜班时，从高处坠地，造成颅脑损伤，成了植物人，潘局长派律师为他提供法律援助，并发动司法局全体员工为他捐款，潘局长长年身体力行支持法律援助事业，他的爱心深深感染了我。讲述潘局长的法律援助事迹，使我第一次走进了《法律讲堂》。天注定，我必须怀揣一颗爱心走进《法律讲堂》，向观众讲述那一个个真实而离奇的故事。

从那时算起，我在《法律讲堂》担任主讲人已经有两年半了。两年半来，我主讲了近50个案例，这些案例，有的来自我主持的《东方大律师》节目的咨询电话，有的是律师亲自承办的，也有上海市法律援助中心提供的法律援助案例。这些案例涉及婚姻家庭、劳动纠纷、刑事案件等方方面面。

我在《法律讲堂》的讲座，也引起了上海一些单位的关注，他们纷纷邀请我去做现场讲座，于是，我把在《法律讲堂》的讲课内容经过整理，作为现场讲座的素材。在与观众面对面的交流中，我发现，每当我讲到涉及因男女情爱、性爱引发的婚姻家庭矛盾或各类民事刑事案件时，总能引起观众更大的听讲兴趣，因此，包含在这些案例中的法律关键点也最容易被观众理解和接受。这样的案例也能博得更好的收视率，普法效果当然更好，呵呵，也许弗洛伊德理论在起作用吧。于是，我把这些案例编辑成册，就是您今天看到的这本书。这本书还凝聚了很多人的心血，他们是央视社会与法频道副总监童宁先生、《法律讲堂》制片人权勇先生、副制片人苏大为先生、主编杨晖先生，中国民主法制出版社刘海涛先生、翟琰萍小姐，等等。是他们的建议和细心工作才有了这本书，特别是杨晖先生，我的每一篇《法律讲堂》的稿件都凝聚了他的心血。谢谢他们，也谢谢童宁先生为本书写序。

童宁先生曾经给我颁发过一个“最高收视奖”。2012 年 8 月，我曾获得司法部法律援助司和《法律讲堂》授予的“法律援助在行动”专题节目的最高收视奖。这个荣誉深深地鼓励了我，我从童宁先生手中领取这一奖项时说：“我希望我不仅仅是讲得好，更希望我能做得好。”一年后，也就在这本书编辑出版的同时，我个人捐款成立了“洁蕙法律援助专项基金”，这个基金，旨在帮助那些不符合国家法律援助标准但也需要法律帮助的人们。现在，这个基金已经开始启动，并已成功帮助一名在工作中失明的清洁工争取到了工伤赔偿。更多的法律援助工作正在展开……

在《法律讲堂》担任主讲人，不仅要讲得好，还要做得好。

洁　蕙

2013 年 9 月